Ernstfried Prade

Windsurfen

Vom Anfänger zum Könner

Vierte, überarbeitete Auflage

Zum Autor:

Ernstfried Prade (Jahrgang 1945) ist ausgebildeter Grafiker, Designer und Bootskonstrukteur. Er war einer der ersten in Europa, die Windsurfing praktizierten. 1973 wurde er Vize-Europameister, 1973 und 1974 Deutscher Windsurfing-Meister. Seine seglerische Erfahrung und sein hohes theoretisches Wissen vermittelt er in Windsurfing-Schulen und als Ausbilder des »Verbandes der Deutschen Windsurfing Schulen«. Er ist Verfasser zahlreicher Fachartikel. Das Engagement von Ernstfried Prade in vielen Bereichen des Windsurf-Sports gab die beste Voraussetzung für eine umfassende Darstellung des Windsurfens. Bereits 1975 erschien ein Buch des Autors mit dem Titel »Windsurfing – den Wind in den Händen« (Bussesche Verlagshandlung, Herford).

Bildnachweis:

Werkfoto G. Bourguignon, S. 19
N. Darby, S. 7
R. Denk, S. 35
Werkfoto Eckel, S. 19
M. Garff, S. 66
H. Hamm, S. 6
D. Heise, S. 43
J. Kemmler, S. 2/3, 8, 21, 29, 36, 37, 38, 39, 41, 42, 48, 50, 51, 52, 53, 54, 60, 62, 63, 70, 76, 79, 82, 83, 84, 86, 87, 88, 90, 91, 92, 94, 95, 97, 102, 115
E. Prade, S. 4, 8, 9, 14, 16, 17, 19, 20, 23, 29, 32, 33, 34, 49, 56, 61, 64, 69, 72, 73, 74, 75, 81, 85, 89, 93, 102, 103, 113, 119, 120, 122, 123, 124, 125, 126, 127, 129, 130, 131, 134, 135, 136, 137, 138, 139, 140, 142, 143, 144, 145, 147, 148, 152, 153, 156, 157
U. Seer, S. 155
P. Stückl, S. 24, 55, 57, 58, 59, 97, 100, 104, 109, 110, 116, 128
J. Stuwe, S. 154
H. Taubinger, S. 158, 159
Windsurfing Deutschland, S. 23

Titelbild: Ernstfried Prade
Zeichnungen: Hellmut Hoffmann/Ernstfried Prade

Gesamtherstellung: Passavia Passau

Printed in Germany · ISBN 3-405-12687-8

CIP-Kurztitelaufnahme der Deutschen Bibliothek

Prade, Ernstfried:
Windsurfen: vom Anfänger zum Könner /
Ernstfried Prade.
[Zeichn.: Hellmut Hoffmann; Ernstfried Prade]. –
4., überarb. Aufl. – München, Wien,
Zürich: BLV Verlagsgesellschaft, 1982.
(blv sport)
ISBN 3-405-12687-8

In der Reihe blv sport:

Bauer	Fußball perfekt: Vom Anfänger zum Profi
Brandl	Modernes Reiten: Schritt, Trab, Galopp
Brandl	Perfekter Reiten – Dressur, Springen, Military
Courtine	Judo perfekt – Technik, Training, Wettkampf
Denk	Neue Segelschule
Denk	Klar zum Regattasegeln
Ellwanger	Tennisspielen – leicht gemacht
Ellwanger	Tennis – bis zum Turnierspieler
Glasbrenner/Reetz	Perfektes Tennistraining – Tips und Tricks für alle
Held/Kreiß	Vom Anfänger zum Rennruderer
Keill	Tourenskilauf – Ausrüstung, Technik, Sicherheit
Kemmler	Perfektes Skitraining im Schnee + Zuhause
Kimura	Judo – für Anfänger + Kämpfer
Konopka	Radsport vom Anfänger bis zum Könner
Krombholz	Tanzen für alle
Morgan	Golf – vom Anfänger zum Könner
Moser	Ju-Jutsu – vom Anfänger zum Könner
Prade	Windsurfen – vom Anfänger zum Könner
Richter	Sicheres Tauchen – Ausrüstung, Technik, Tips
Rieder	Voltigieren – vom Anfänger zum Könner
Schabert	Tänzerische Jazzgymnastik
Scholl	Die perfekte Tennisspielerin
Sklorz	Tischtennis – vom Anfänger zum Könner
Steidle	Wildwasserfahren – Technik, Training, Taktik
Sturm/Zintl	Sicheres Klettern in Fels + Eis
Wöllzenmüller	Skilanglauf – für Anfänger + Könner
Zuber	Squash – vom Anfänger zum Könner

BLV Verlagsgesellschaft
München Wien Zürich

Inhalt

Einführung

Segeln – Surfen – Windsurfen

Seit Urzeiten benutzt der Mensch die Windkraft, um sich mit einem Segelfahrzeug auf dem Wasser zu bewegen. Das Prinzip der Steuerung und Fortbewegung war immer dasselbe. Erst mit dem neuen Sport Windsurfing kam eine andere Art der Steuerung auf, nämlich das Steuern ohne Ruderanlage. Einen Windsurfer dirigiert man mit seinem Segel. Woher die Idee stammt, ein bewegliches Rigg auf einem schwimmenden Körper anzubringen, ist unklar.

Indianer auf dem Amazonas

Sie verwendeten vielleicht als erste ein Boot ohne Ruderanlage. Gelenkt wurde dieses floß-ähnliche Boot durch Neigen des Mastes. Da die Indianer diese Art des Segelns nicht als Sport betrieben und ihnen deshalb das ständige Halten des Riggs zu mühsam war, stellten sie den Mast in eine Art Lochbrett. Ein Brett also, das mehrere Löcher hatte. Wollten sie nun dem Floß eine neue Richtung geben, so hoben sie den Mast kurz an und stellten ihn in ein anderes Loch. Dadurch ließ sich das Segel sowohl nach Luv wie nach Lee als auch nach vorne oder nach hinten versetzen. Unklar ist, ob das Segel, wie heute beim Windsurfen, nur an einem Gabelbaum oder zusätzlich durch eine Großschot gehalten wurde.

Das Sailboard des Newman Darby

Ein steuerbares und durchaus taugliches Segelbrett erfand 1964 Newman Darby. Das Boot ähnelte aber in seiner Form eher einem Segelboot als einem Surfboard. Newman Darby verwendete ein viereckiges Segel, das er auf die Spitze stellte und oben und unten am Mast sowie an einer Spreizgaffel links und rechts befestigte. Das ganze Rigg war mit dem Boot durch einen Tampen beweglich, aber unlösbar verbunden. Newman Darby stand auf dem Boot vor dem Segel und lehnte sich mit seinem Körper gegen den Winddruck. Gesteuert wurde durch Neigen des Segels nach hinten und vorne.

Hawaii – Segeln mit Rainer Schwarz

1966 ließ sich Herr Rainer Schwarz aus München auf ein Segelfahrzeug und ein Steuerungsprinzip Patentschutz erteilen. Die Schwarzsche Erfindung ist eine Art Paddelboot, auf dem man sitzend zwei unten miteinander verbundene Stangen hält, zwischen die ein Segel gespannt wurde.

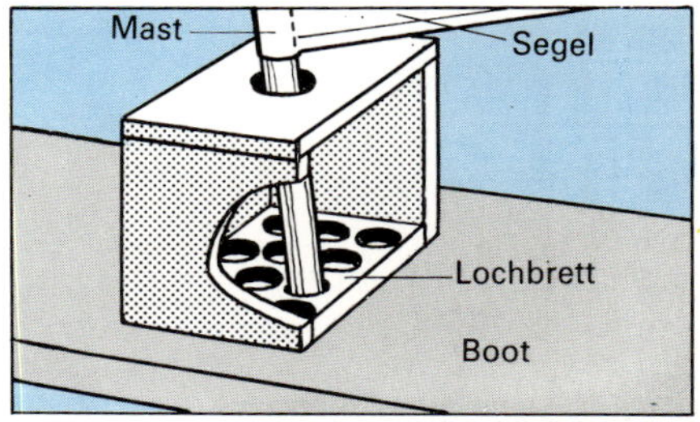

Das erste, steuerbare Segelfahrzeug ohne Ruderanlage mit einem Lochbrett zur Mastverstellung.

Newman Darby, so segelte er 1964 in Lee stehend.

Mit diesem freibeweglichen Segel konnte man auch steuern. Dieses Segelfahrzeug wurde aber nicht produziert, da dem Erfinder sicherlich selbst bald klarwurde, daß das Halten und das Steuern des Riggs in dieser Form zu mühselig war.

Hoyle Schweitzer und der Windsurfer

Erst Hoyle Schweitzer und Jimmy Drake, zwei Sportler aus Kalifornien, halfen dem Windsurfingsport auf die Beine. Mit Hoyle Schweitzer war vor allem der Grundstein zu echtem Windsurfing gelegt, wobei der Schwerpunkt auf »Surfing« liegt. Hoyle und sein Kollege Jimmy hatten seit Jahren den waghalsigen Surfsport vor Kaliforniens Küsten ausgeübt. Da meist dann, wenn es keine Wellen gab, starker Wind herrschte, kam den beiden die Idee, die nutzlos am Ufer liegenden Surfboards auch ohne Welle vorwärts zu treiben, nämlich mit der Windkraft.
Hoyle Schweitzer experimentierte so zu Anfang mit einem einfachen Stück Segeltuch, das er zwischen den Händen hielt. Mehr und mehr verfeinerte er seine Idee, bis daraus der heutige Windsurfer entstand. Ob er als Initialzündung Newman Darbys Konstruktion oder andere Ideen aufgriff, ist unbekannt. Erwiesen ist jedoch, daß er mit unermüdlicher Energie Windsurfing weltweit bekannt gemacht hat und somit als eigentlicher Vater dieser Sportart gelten kann.
Nachdem 1969 Hoyle Schweitzer seinen Original-Windsurfer fertiggestellt hatte – er bestand aus einem normalen Surfboard, wie es für die hohen Wellenberge vor Hawaii benutzt wurde, und einem Dreiecksegel, das an einem Mast befestigt war und durch einen Gabelbaum gespannt wurde – setzte eine weltweite Entwicklung ein. In wenigen Jahren gab es schon über 100 verschiedene Fabrikate auf dem Markt, die jedoch alle als Kopien des Original-Windsurfers angesehen werden müssen.

Hoyle Schweitzer, der Vater des Windsurfing-Sportes, ist außerdem begeisterter Wellenreiter.

Der Original-Windsurfer von Hoyle Schweitzer. Seit 1969 unveränderte Bauweise und Materialien.

Windsurfing wird von Fachleuten als die größte Erfindung im Segelsport bezeichnet. Es ist für viele die direkte Auseinandersetzung mit Wind und Wellen. Für die Familie der neue Freizeitspaß für Urlaub und Erholung und für den berufstätigen Menschen, der mehr und mehr zum Sitzen verurteilt wird, der ideale Ausgleichssport. Windsurfing kann unter richtiger Anleitung in wenigen Stunden erlernt werden. Zur Gefahr und zum Ärgernis wird es dort, wo es unsachgemäß von Anfängern, z. B. in Badezonen oder vor Hafeneinfahrten, durchgeführt wird. Dieser Leitfaden richtet sich deshalb an alle, die schnell und ohne Schwierigkeiten diesen herrlichen Sport genießen wollen, und bietet darüber hinaus dem Fortgeschrittenen eine Fülle von Anregungen, neuen Techniken und brauchbaren Tips, seinen Sport in immer neuen Formen und Möglichkeiten zu erleben.

Ausrüstung

Das Segelbrett

Wie bereits in der Einführung erwähnt, kommt Windsurfing vom *Wellenreiten.* Manche Bretter, so z. B. das von Hoyle Schweitzer konzipierte, unterscheiden sich bis auf den Schwertkasten überhaupt nicht von herkömmlichen Surfbrettern. Zwar verwendet man heute wesentlich kürzere *Boards* (1,80 m) zum Wellensurfen, Experten bevorzugen aber nach wie vor die langen Geschosse bis zu 3 m, um die riesigen Wellenberge vor Hawaii und Australien zu bewältigen. *Surfsegelbretter,* wie die Sportgeräte offiziell in Deutschland benannt werden, sind meistens zwischen 3,50 m und 4 m lang und 60 cm bis 70 cm breit. Sie haben ein Volumen von ca. 180 bis 250 l Rauminhalt, und ihr Gewicht schwankt zwischen 12 und 25 kg. Je nach Bauweise und verwendetem Material sind sie flexibel und passen sich den Wellen an, oder sie durchpflügen das Wasser, weil sie beinhart sind.

Rutschfeste Standfläche

So schön manche Surfboards durch ihre Bauweise aussehen, so groß sind manchmal ihre Nachteile im Gebrauch. Die wohl wichtigste Eigenschaft, die ein Segelbrett für Anfänger und Fortgeschrittene gleichermaßen erfüllen muß, ist eine optimal rutschfeste Standfläche. Windsurfing ist ein Bewegungssport, und um alle Aktionen sicher und ungehindert ausführen zu können, ist es notwendig, daß die Oberfläche des Boards als Anti-Rutsch-Belag ausgestaltet ist. Bei manchen Produkten sieht man nur eine Standfläche im mittleren Bereich, die dann in hochglänzendes *Polyester* übergeht. Auf diesen Boards wird man nie in den vollen Windsurfinggenuß kommen, denn gerade dann, wenn es anfängt Spaß zu machen, wenn man richtige Schritte auf dem Board wagt, rutscht man auf der glatten Fläche aus. Ein Surfboard sollte vollkommen rutschfest sein.
Leider übertreiben manche Hersteller diesen Gedanken. Wer einmal im Sommer mit bloßen Knien – und Surfen ist nun mal ein Sommersport – auf eine zu rauhe, knallharte Polyesteroberfläche gestürzt ist und sich Schürfwunden bis auf den Knochen geholt hat, der weiß, daß die Standfläche nur ganz fein aufgerauht sein sollte.

Hier noch ein paar Tips, wie man sich selbst behelfen kann:

- Glatte Polyesterboote schleift man am besten mit Schmirgelpapier rauh an.

Acht verschiedene Segelbretter bei einem Vergleichstest.

- Holzboards im Eigenbau werden anschließend hochglanzlackiert und mit einer Wachsfläche versehen. Übrigens ist Wachs für alle Surfboards ein hervorragendes Mittel, rutschfesten Stand zu gewährleisten. Der einzige Nachteil ist die Verschmutzung des Boards.
- Für kurzzeitige Beanspruchung, z.B. Regatten, gibt es im Handel auch sehr gute Klebebänder mit Haft-Oberfläche.

Die Boardform

Über die optimale Form eines Segelbrettes herrschen die widersprüchlichsten Meinungen. Sicherlich muß man von seinem Verwendungszweck ausgehen. Ein Hochgeschwindigkeits-Segelbrett, meist schmal und lang, muß andere Bedingungen erfüllen als ein Universalbrett, das stabil und mit gutem Auftrieb im Wasser liegen soll. Der Original-Windsurfer von Hoyle Schweitzer als universelles Board ist ein gelungener Kompromiß. Der größte Nachteil des Brettes ist, daß es sich nicht für schwerere Surfer eignet. Fest steht, daß aus dem Segelbrett kein Schwebebalken gemacht werden soll, das heißt, Balancehalten darf nicht auf Kosten des Fahrvergnügens gehen. Bretter unter 50 cm Breite sind deshalb nur Surfspezialisten zugedacht, die wegen 2 oder 3 km/h mehr Geschwindigkeit ständig auf der Hut sein müssen, nicht buchstäblich umzufallen.
Etwas genauer sollte man sich aber die eigentliche Bootsform und ihre Ausgestaltung ansehen. Z.B. haben an einem Surfboard scharfe Kanten nichts verloren. Wer einmal mit einem starren Polyesterbrett in der Brandung war, weiß flexible Bretter, zumal solche mit schonenden Gummikanten, zu schätzen. Man kann hier durchaus einen Vergleich zum Skisport anstellen. So wie für »Buckelpisten« weiche, flexible Ski von Vorteil sind, so verhalten sich auch biegsame Surfboards besser in Wellen, während ein Abfahrts-Rennski und ein Hochgeschwindigkeitsboard hart sein sollten.
In diesem Zusammenhang sei auch die *Heckflosse* oder *Finne* erwähnt. Ob man das Brett am Ufer trägt oder im Wasser damit kentert, zu spitz und außerdem starr befestigt, stellt sie immer ein Gefahrenmoment dar.

Der Schwertkasten

Wohl der heikelste Bereich an allen Brettern ist der Schwertkasten. In ihm ist das Schwert untergebracht. Dieser Teil des Boards ist deshalb so gefährdet, weil man oft mit dem *Steckschwert* auf Grund läuft und damit das Board beschädigt. Neueste Entwicklungen sind deshalb auf diesen Nachteil eingegangen und haben an Stelle von starren abklappbare Schwerter. Beim Kauf eines Surfboards sollte man auf jeden Fall einen Blick in den Schwertkasten werfen. Dort läßt sich meist gute von schlechter Verarbeitungsweise unterscheiden. Das Schwert muß ohne viel Spiel einen guten Sitz haben und sich leicht und ohne anzuecken hochziehen lassen. Beim Einstecken darf es an den Wandungen nicht scheuern, denn dort treten dann zuerst Schäden auf.

Ein Segelbrett mit seinen wenigen Einzelteilen ist in einigen Minuten aufgebaut. Das ist der große Vorteil dieser unkomplizierten Sportart.

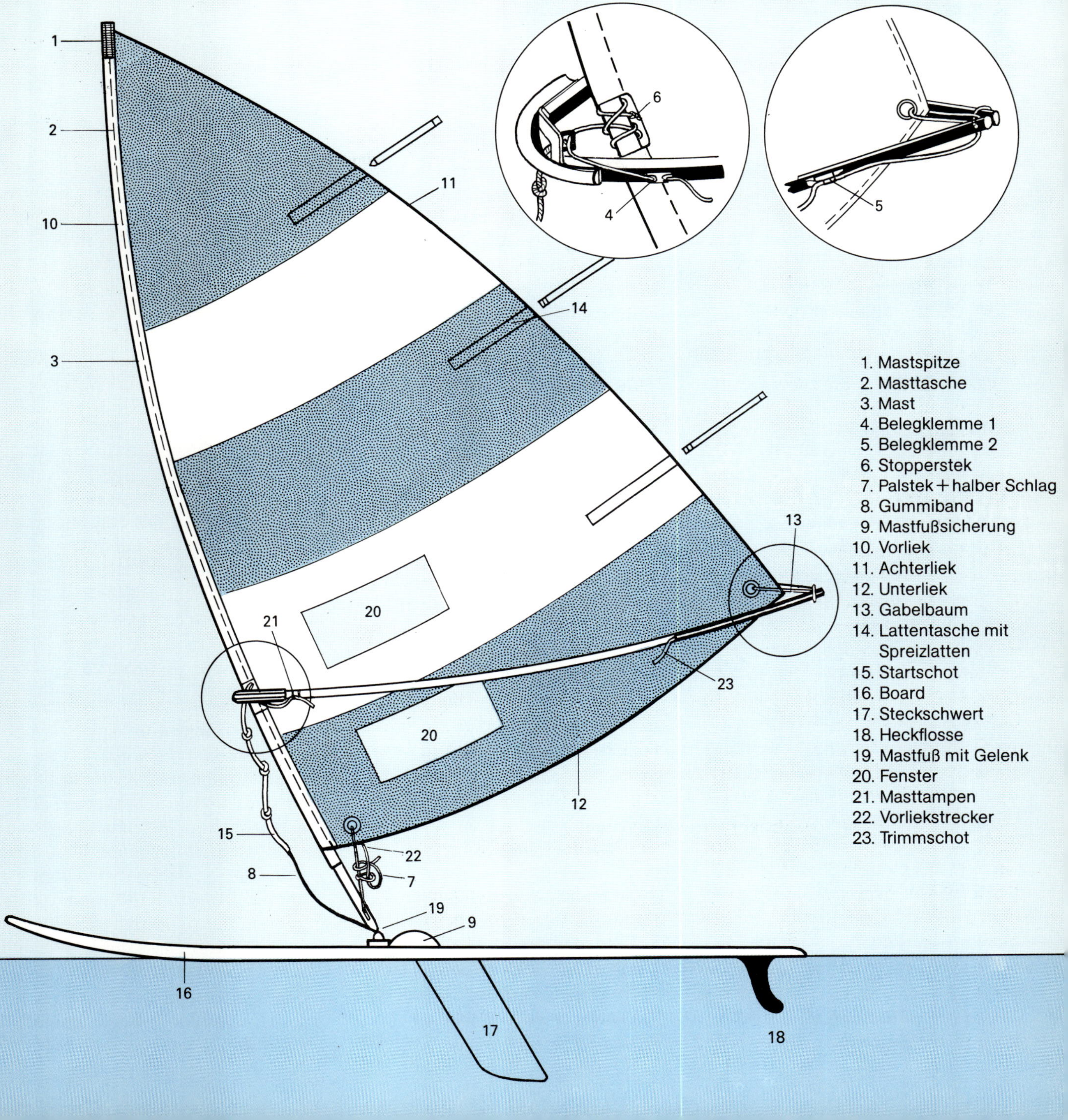

1. Mastspitze
2. Masttasche
3. Mast
4. Belegklemme 1
5. Belegklemme 2
6. Stopperstek
7. Palstek + halber Schlag
8. Gummiband
9. Mastfußsicherung
10. Vorliek
11. Achterliek
12. Unterliek
13. Gabelbaum
14. Lattentasche mit Spreizlatten
15. Startschot
16. Board
17. Steckschwert
18. Heckflosse
19. Mastfuß mit Gelenk
20. Fenster
21. Masttampen
22. Vorliekstrecker
23. Trimmschot

Boardpflege

Fast alle Surfboards sind aus Kunststoff hergestellt und damit äußerst pflegearm. Von Zeit zu Zeit sollte man sie von Sonnenöl mit Seife, Waschmittel oder speziellen Reinigungsflüssigkeiten, wie sie auch schon im Surfsporthandel angeboten werden, reinigen. Ein Feind des Surfens am Meer ist der Teer; man bekommt ihn am besten mit Butter oder Benzin weg. Polyesterboards darf man nie harten Schlägen oder Stößen aussetzen. Bereits durch ein Herabfallen beim Tragen auf harten Untergrund wird das Board beschädigt. Ein großes Übel sind auch seitliche Klebekanten. Nach kurzem Einsatz lösen sich die beiden dort geklebten Boardschalen und müssen immer wieder mit Polyester repariert werden. Auch Sonne und Hitze macht manchen Brettern zu schaffen. Es sind dies hauptsächlich Produkte aus *Polyurethan.* Man soll sie nie in der prallen Sonne liegen lassen. Dort kommt es zu Temperaturen bis zu 50 und 60 °C, und dabei geben die Boards nicht nur die schöne Form, sondern manchmal auch ihren Geist auf.

Volumen und Gewicht

Handliche Surfboards wiegen nicht über 20 kg. Vom Autodach bis zum Ufer sind doch oft beträchtliche Strecken mit dem Brett unter dem Arm zu bewältigen. Bevor Sie sich zum Kauf entschließen, sollten Sie das Board ruhig einmal unter den Arm nehmen, um sich zu vergewissern, daß Sie es überhaupt tragen können.
Ein Problem, auf das wir später noch kommen werden, ist das Körpergewicht des Surfers. Leider haben viele Boards für etwas schwerere Surfer nicht genügend *Auftrieb.* Bereits 80-kg-Männer müssen daher darauf achten, daß sie ein Brett mit mindestens 200 l Rauminhalt erwerben. Diese Segelbretter sind meistens zwischen 13 und 20 cm dick und mindestens 65–70 cm breit. Nur auf solchen, voluminösen Boards erlebt auch ein schwererer Sportsfreund den Rausch der Geschwindigkeit.

Das Schwert

Auf das Schwert und seine Funktion wird später noch näher eingegangen (s. S. 69). Alle Surfboards sind mit Steckschwertern ausgerüstet. Das sind längliche, profilierte Platten aus Holz oder Kunststoff, die von oben in den Schwertkasten eingeführt werden und das seitliche Abtreiben des Brettes verhindern. Außerdem wird das Board mit eingestecktem Schwert kippstabiler.

Das Profil

Windsurfing ist mittlerweile seinen Kinderschuhen entwachsen. Deshalb muß unbedingt auch auf solche Details, wie die Profilierung des Schwertes, geachtet werden. Ein gutes Schwert, egal ob aus Holz oder aus Kunststoff gefertigt, darf keine gerade Platte sein, sondern muß ein sich nach hinten verjüngendes, symmetrisches Profil aufweisen. Eine Faustregel besagt, daß dieses Profil an seiner dicksten Stelle 10% der Schwertbreite betragen soll. Ferner ist wichtig, daß das Schwert steif ist, damit es sich unter dem Wasser möglichst wenig verbiegen kann, und zäh-elastisch, so daß es beim Auflaufen nicht beschädigt wird.

Das abklappbare Schwert

Gegenüber feststehenden haben abklappbare Schwerter einen wesentlichen Vorteil. Nicht nur daß sie bei Grundberührung das Brett schonen, sie führen auch zu besseren Fahreigenschaften. Mit zunehmender Geschwindigkeit bekommt nämlich das feststehende Schwert eine ungünstige, zur Wasseroberfläche seitlich gerichtete Auftriebskraft. Das abklappbare Schwert dagegen verursacht bei schneller Fahrt keinen seitlichen Zug, das Board bleibt daher ruhig und stabil. Beachten Sie dazu das Kapitel »Verschiedene Schwerter« S. 69.

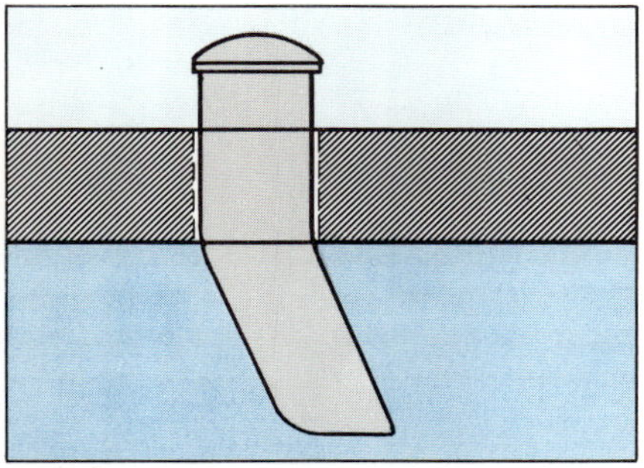

Das Steckschwert bleibt starr stecken.

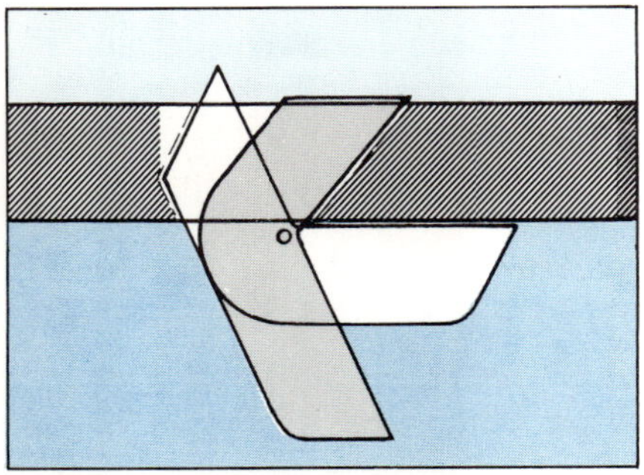

Das Klappschwert klappt bei Grundberührung selbsttätig hoch.

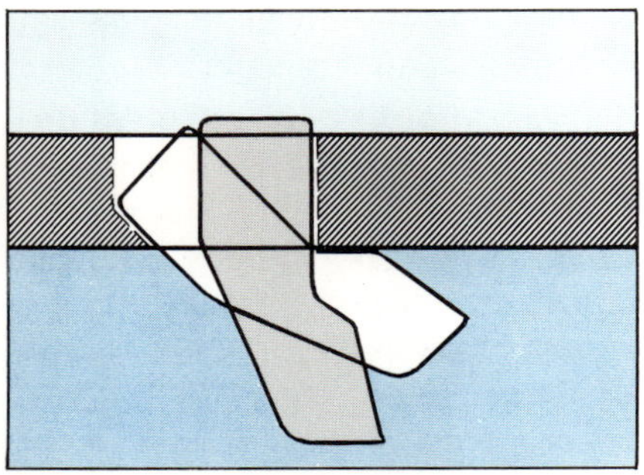

Das Kippschwert bleibt in der Stellung des Sturmschwertes stehen.

Das Rigg

Der Mast

Er ist aus strapazierfähigem, biegsamem Polyester gefertigt. Seine Elastizität und Konizität (Kegelähnlichkeit) ist entscheidend für das optimale *Segelprofil.* Eine genau errechnete Biegelinie verleiht dem Segelmast bei jedem Wind die bestmöglichen Fahreigenschaften. Der Mast soll deshalb schonend behandelt werden. Vermeiden Sie besonders Schläge auf harten Untergrund, die die Außenhaut verletzen. Es ist anzuraten, ihn an seinem unteren Ende mit Klebeband zu umwickeln, um diese gefährdete Stelle vor Transportschäden zu bewahren. Aluminiummasten sind nicht zu empfehlen. Sie sind zylindrisch, haben deshalb eine schlechte Biegelinie und brechen zu schnell.

Das Mastfußgelenk

Newman Darby, der als erster den Mast fest mit einem Segelbrett verband, löste das Problem auf einfache Art und Weise mit einem dicken *Tampen.* Hoyle Schweitzer verwendete statt des Tampens ein Kardangelenk, und Hellbig, ein deutscher Bootskonstrukteur, setzte schließlich zwischen Mast und Board eine einfache, flexible Gummiverbindung. Diese Verbindung dürfte wohl die ausgereifteste sein.

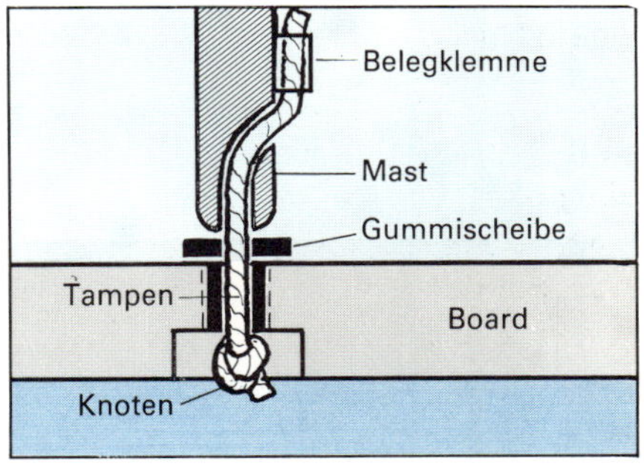

Die bewegliche Verbindung des Darby-Mastfußes mit einem einfachen Tampen.

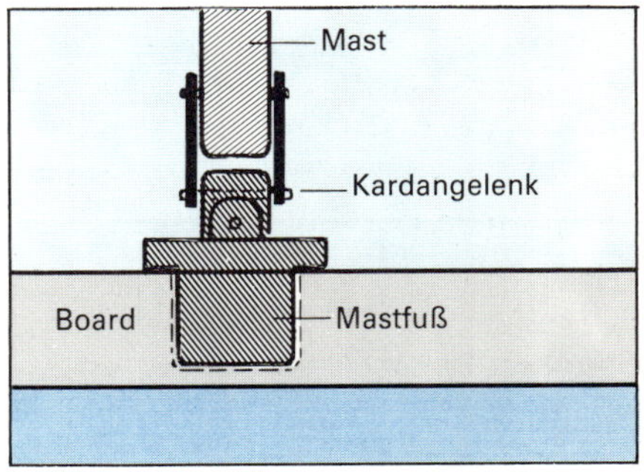

Der Holzmastfuß mit seinem Kardangelenk ist bruchanfällig.

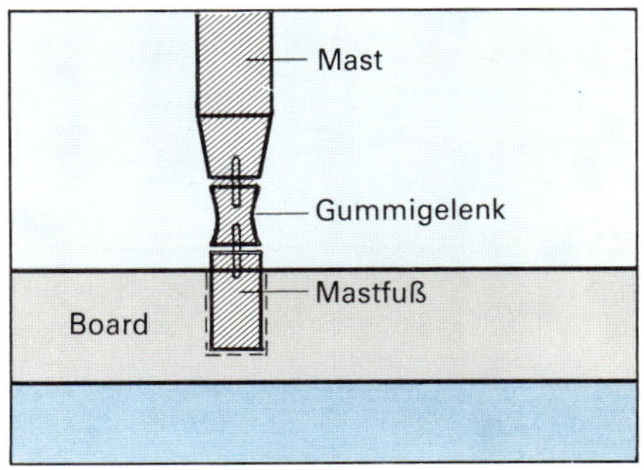

Das Helbig-Gummigelenk, die ausgereifteste Lösung.

Es gibt heute eine ganze Reihe von Gelenken, die Mast und Board verbinden. Die Haltbarsten darunter sind aus Stahl und Kunststoff gefertigt. Längst überholt ist der Windsurfer-Mastfuß aus Holz.

In das Mistral-Gabelbaumvorderteil sind eine Belegklemme und ein Stoßdämpfer eingearbeitet. Das Vorderteil kann gleichzeitig als Haltegriff verwendet werden, mit dem das ganze Rigg geführt wird.

Der Mastfuß

Sobald der Mastfuß fest mit dem Brett verbunden ist, kann es Schwierigkeiten geben. Das kann von kleinen Quetschungen über Einklemmen der Arme und Beine bis zu Brüchen führen. Der Mastfuß sollte sich deshalb auf jeden Fall beim Sturz vom Brett lösen können. Die befriedigendste Lösung bietet hier wohl der Mistral-Surfer aus der Schweiz mit seinem Sicherheitsband. Ähnlich wie bei einer Skibindung ist die Mastfußhülse mit einer Feder ausgerüstet, die bei einer bestimmten Zugkraft den Mastfuß freigibt. Zudem er wird dann noch durch ein Sicherheitsband gehalten, damit sich Segel und Mast nicht ganz vom Brett trennen können (s. dazu Sicherheitsband S. 53).

Gabelbaum

Das auffälligste Ausrüstungsdetail an einem Segelsurfbrett ist der Gabelbaum. Er besteht aus zwei nach außen gekrümmten Holzgabeln oder Aluminiumrohren und wird an seinen Enden entweder durch Beschläge oder Tampen zusammengehalten. Der Gabelbaum spannt das Segel, er dient zur Steuerung des Boards, er ist das Instrument für alle Segelmanöver, und gelegentlich ist er Ihr letzter Halt. Der wohl verbreitetste Gabelbaum ist der des Windsurfers. Er ist aus 12fach verleimtem Mahagoniholz hergestellt und äußerst robust und steif. Der große Nachteil ist sein Gewicht. Erst in letzter Zeit hat sich herausgestellt, daß leichte Aluminiumgabeln, obwohl sie bei harten Bedingungen eher brechen, wesentlich einfacher und mit weniger Kraftaufwand zu segeln sind. Besonders Anfängern bereitet der schwere Holzgabelbaum Schwierigkeiten.
Wichtig ist, daß der Gabelbaum an seinem Vorderteil einen Stoßdämpfer trägt, der bei heftigen Stürzen die Boardoberfläche schont. Vorne ist die *Startschot* befestigt, mit ihr zieht man das Segel aus dem Wasser. Am hinteren Ende ist die *Trimmschot* angeknotet, mit der das Segel flach oder bauchig eingestellt wird.
Es empfiehlt sich, blanke Aluminiumgabelbäume mit einem weichen Tex-

tilband zu umwickeln, damit man bei starkem Wind mit den Händen nicht so leicht abrutscht. Auch über das Rohr geschobene Fahrradschläuche erfüllen diesen Zweck.
Von Vorteil ist es, wenn der Gabelbaum ausgeschäumt ist, damit kein Wasser eindringen kann. Achten Sie auf diese Punkte besonders beim Kauf eines Segelsurfbrettes.

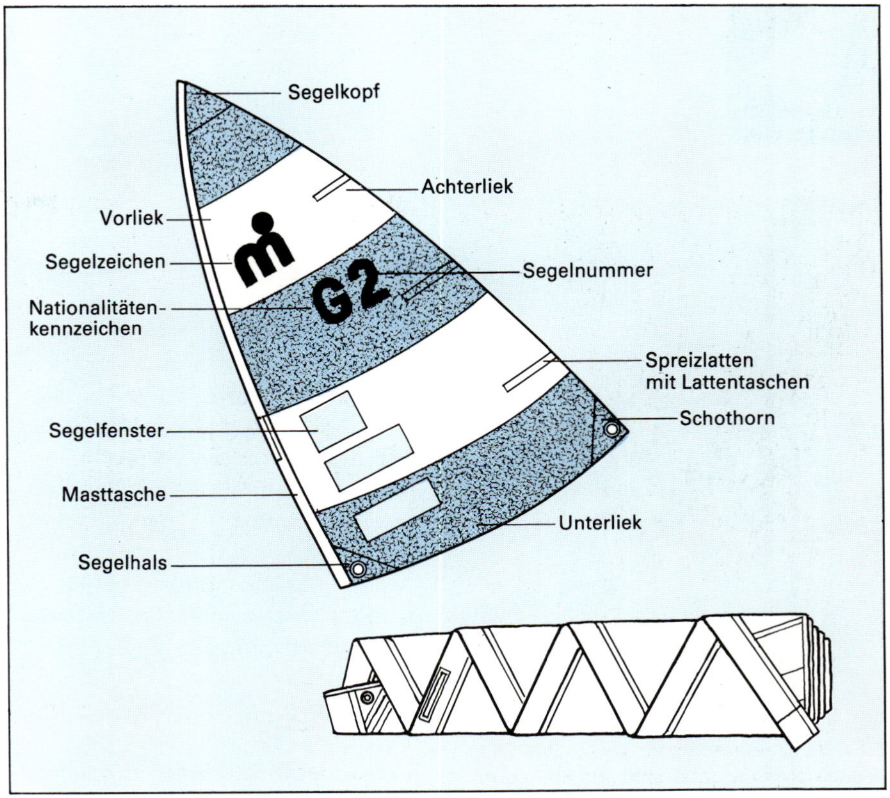

Das Segel

Surfsegelbretter haben im allgemeinen ein Segel mit einer Segelfläche zwischen 5 und 6 qm. Es wird mit einer Masttasche einfach über den Mast gestülpt und am Ende des Gabelbaumes mit der Trimmschot gespannt. Es hat 2 *Ösen;* eine davon ist unten am *Segelhals* angebracht, durch sie wird der *Vorliekstrecker* geführt und mit dem Mastfuß verbunden. Mit ihm zieht man die vordere Seite, das *Vorliek,* straff, während *Achterliek* und *Unterliek* im *Schothorn* zusammenführen und dort mit einer weiteren Öse durch die Trimmschot belegt werden.
Das Segel hat in seinem unteren vorderen Bereich mehrere große Fenster, um genügend freie Sicht nach allen Seiten zu gewährleisten. Am Achterliek sind Taschen aufgenäht, in die *Spreizlatten* gesteckt werden. Diese sorgen dafür, daß das Segel »steif« stehen bleibt und das günstigste Profil behält (s. Abb. S. 72).
Alle Windsurfingsegel sind heute aus strapazierfähigem, gewebtem Kunststofftuch genäht. Nach Gebrauch sollte man sie in trockenem Zustand richtig zusammenlegen. Das geschieht, indem man das Segel vom Unterliek aus in Falten aufeinander legt, und zwar so, daß das Achterliek bündig bleibt, während das Vorliek eine Zickzacklinie bildet. Anschließend faltet man es noch zwei- oder dreimal quer, um es gut im Segelsack zu verstauen. Ein so gelegtes Segel wird Ihnen lange Zeit Freude bereiten. Es knittert nicht und wirft auch keine störenden Vertikalfalten. Das robuste Kunststoffasersegel trocknet in wenigen Minuten. Nehmen Sie sich also die Zeit, es am Mast trocknen zu lassen; dazu öffnen Sie die Trimmschot und lassen das Tuch frei flattern. Solche Vorsicht erspart größere Reparaturen und schont Ihren Windmotor. Sie sollten auch öfter die Nähte der Spreizlattentaschen sowie die Ösen im Segel prüfen. Kleine Schäden sind schnell behoben, ehe sie sich ausweiten.

Der Stopperstek, lose gebunden.

Auftakeln

Ein Segelsurfbrett mit seinem einfachen Aufbau ist in wenigen Minuten startklar. Diese Tatsache bringt der unkomplizierten Sportart Windsurfen einen großen Vorteil.
Zuerst wird am Mast an einer vorgezeichneten Stelle – meist ist diese durch einen Farbstreifen sichtbar gemacht – der *Masttampen* mittels eines *Stoppersteks* befestigt. Sodann führt man den Mast in die Tasche ein, und zwar so, daß das Ende des Masttampens aus dem Ausschnitt der Masttasche herausschaut. In die *Lattentaschen* des flach am Boden liegenden Segels werden die Spreizlatten eingesteckt. Jetzt wird das Segel an seiner Vorderkante, dem »Vorliek«, durch den Vorliekstrecker gespannt. Der Vorliekstrecker selbst wird mit einem *Palstek* am Mastfuß befestigt und durch die Öse und das Auge des Palstegs ähnlich einem Flaschenzug angezogen und mit zwei oder drei *halben Schlägen* belegt.
Als nächstes folgt die Befestigung

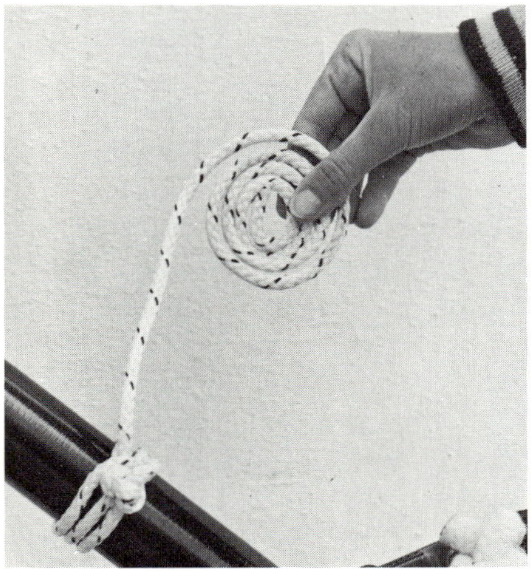

Der Stopperstek, fest zusammengezogen: so kann er nicht mehr am Mast verrutschen.

Mit dem Masttampen wird der Gabelbaum am Mast befestigt. Das Ende wird mit zwei halben Schlägen belegt.

Die Startschot wird oben mit einem Knoten versehen, so daß sie nicht aus dem Gabelbaumvorderteil rutschen kann.

des Gabelbaumes am Mast. Dazu wird der Masttampen durch die entsprechende Öse am Gabelbaum geführt und in der *Belegklemme* des Gabelbaums befestigt. Da der Mast immer so dicht wie möglich vorne an den Gabeln anliegen soll, empfiehlt es sich, den Masttampen, nachdem er durch die Öse des Gabelbaumbeschlages geführt wurde, nochmals um den Mast zu legen, so daß er durch diese doppelte Wicklung fest mit dem Gabelbaum verbunden ist. Zum Schluß wird das Segel mit der Trimmschot durch die Öse am Schothorn des Segels geführt und gespannt. Für die ersten Übungen am Wasser sollte das Segel weder zu fest noch zu locker gespannt werden. Am besten findet man dieses *Trimmen* selbst heraus, indem man das Segel so weit spannt, daß es ein harmonisches Profil ohne Falten am Mast oder Achterliek ergibt. Bevor man ins Wasser geht, befestigt man noch die Startschot mit einem Gummiband am Mastfuß, damit sie immer in Reichweite zu greifen ist.

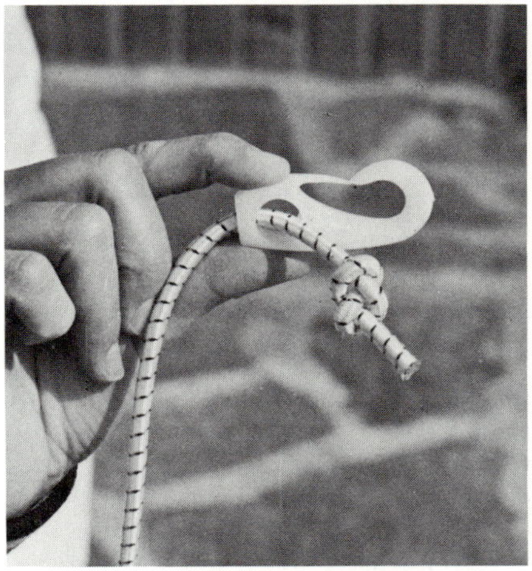

Am Ende der Gummileine bindet man einen Achterknoten und befestigt so die Kunststoffklemme.

Die Gummileine wird beim zweiten Knoten von unten an der Startschot festgebunden.

Die Gummileine soll nicht viel länger als die Startschot sein, um beim Surfen nicht zu hindern.

Die Trimmschot wird in der Belegklemme belegt. Zur Sicherung bindet man an das Tampenende noch einen Achterknoten.

Der Achterknoten wird in die Enden der Trimmschot, in das eine Ende des Masttampens und in das Ende der Gummileine gebunden.

Der Palstek wird am Vorliekstrecker, beim Windsurfer auch an der Trimmschot und sonst überall dort verwendet, wo eine Schlinge notwendig ist, die sich nicht zusammenziehen kann und leicht wieder zu lösen ist.

Tampen und Knoten

Alle Leinen an einem Segelsurfbrett sind geflochten, 6mm dick und zumeist aus Polyester hergestellt. Eine Ausnahme bildet die Startschot. Sie ist 8–12 mm dick, sehr weich und damit hautschonend. Wenn man sich Ersatz kauft, so darf man nach dem Zuschneiden nicht vergessen, die Tampenenden über einer offenen Flamme zu verschweißen, weil sie sich sonst aufdrehen.

Knoten

Die hier abgebildeten Knoten sind die wichtigsten für das Segelsurfen. Es ist ratsam, diese Knoten zu üben, um sie an den entsprechenden Tampen binden zu können.
Während der Kreuzknoten nur noch selten verwendet wird (abschleppen), ist es auf jeden Fall ratsam, den Stopperstek zu gebrauchen und mittels des Palsteks einen einfachen Flaschenzug im Vorliekstrecker herzustellen.

Der Kreuzknoten wird zum Verbinden zweier Tampen verwendet.

Der Schotstek wird zum Verbinden zweier ungleich dicker Tampen verwendet (z. B. beim Abschleppen).

Den Stopperstek verwendet man, um den Masttampen rutschfest am Mast zu befestigen.

Transport

Das Board zum Wasser zu tragen, ist eigentlich kein Problem. Mit einer Hand im Schwertkasten sollte sich jedes gute Surfboard einfach unter dem Arm tragen lassen. Wer dabei Schwierigkeiten hat, steckt das Schwert in das Board, faßt mit der einen Hand am *Schwertband* und mit der anderen Hand unter das Schwert, so daß man es mit beiden Armen hält. Schwieriger wird es schon beim Segel. Ist es über weitere Entfernungen zu tragen, dann niemals aufgespannt, sondern wenn der Gabelbaum am Mast schon befestigt ist, diesen einfach zurückklappen, das Segel vom Unterliek her etwas einrollen und dieses handliche Paket unter den Arm nehmen. Das aufgespannte Segel wird immer mit dem Mast zum Wind getragen, d.h. der Mast zeigt mit seiner ganzen Länge in den Wind, das Segel wird dabei über dem Kopf mit der einen Hand am Gabelbaum und mit der anderen Hand am Mast angefaßt.
Im Wasser werden dann Rigg und Board verbunden; dazu wird der Mastfuß in die entsprechende Aussparung gesteckt. Es sei denn, Sie bevorzugen es später, mit dem Beachstart auf das Wasser zu gehen; bei ihm sind Rigg und Board bereits an Land verbunden (s. S. 80).

Nicht genügend Beachtung kann man der Befestigung unseres Sportgerätes auf dem Autodach schenken. Es zeugt von sträflichem Leichtsinn, wenn man Surfboards auf dünnen, wackligen Dachträgern mit Bindfaden befestigt sieht. Ein Surfboard, das mit ca. 100 km/h auf dem Autodach befördert wird, kann unter Umständen mit 50 und 100 kp an Ihrem Dachständer zerren. Es ist deshalb unbedingt notwendig, daß man für den Transport der Surfboards zulässige Bootsdachträger verwendet. Für die Befestigung gibt es bereits Nylonbänder mit Patentverschlüssen, so daß das Sportgerät mit wenigen Handgriffen auf dem Autodach festgezurrt ist. Wer es noch einfacher will, kauft komplette Surfboardständer, die sogar schon abschließbar angeboten werden.

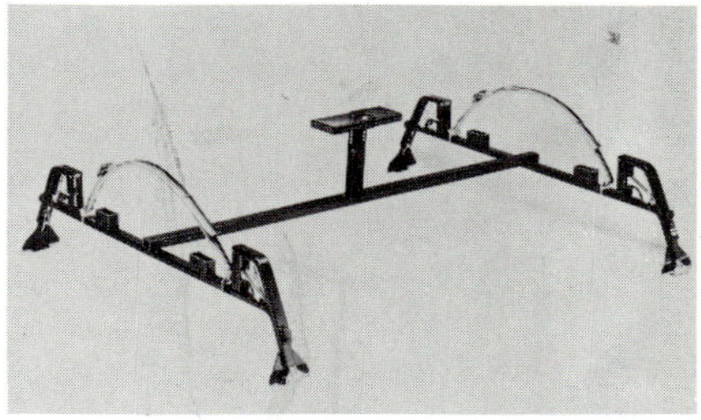

Für Windsurfing-Boards werden stabile Dachträger im Fachhandel angeboten.

Das Segel trägt man so über dem Kopf, daß das Gabelbaumvorderteil immer zum Wind zeigt.

Windsurfing-Kleidung

So wie ein Skifahrer nur in Skibekleidung seinen Sport betreibt, werden in Zukunft Surfer mit spezieller Surfbekleidung aufs Wasser gehen. Bisher mußte man sich notgedrungen aus anderen Sportarten, vor allem dem Tauchsport, die notwendigen Anzüge zusammenstellen. Die rasche Verbreitung des Windsurfings hat aber dazu geführt, daß schon eine ganze Anzahl von Herstellern gute und zweckmäßige Bekleidung anbietet.

So sollte man Sport nicht ausüben. In diesen nassen Kleidern hat man sich schnell erkältet.

Der Surfanzug

Leider vermissen wir in unseren Breitengraden die hochsommerlichen Temperaturen, wie sie unsere Sportskollegen in Kalifornien, Hawaii oder Australien vorfinden. Aber man sollte daran denken, daß sich gerade bei sommerlichen Temperaturen auf dem Körper Schwitzwasser bildet und dessen Verdunstung zur Verkühlung besonders in der Nierengegend führen kann. Es ist deshalb ratsam, auch im Hochsommer einen dünnen Surfanzug zu tragen, zumindest eine Bekleidung, die die Nieren schützt. Am besten eignet sich ein *Neoprenanzug.* Als Neopren bezeichnet man einen Schaumstoff, der für den Surf- und Tauchsport mit Luftbläschen angereichert ist. Der Schaumstoff ist meist auf beiden Seiten nylonkaschiert, so daß der innenliegende Kern nicht so leicht verletzt werden kann. Auf gar keinen Fall darf man sich mit einem normalen Tauchanzug zufriedengeben. Windsurfing ist ein Bewegungssport. Beine und Arme sind ähnlich wie beim Skifahren meistens gebeugt, außerdem kniet, sitzt oder liegt man auf dem Board. Die wesentlichen Punkte sind also die Achseln, die Ellenbogen, die Kniekehlen, der Schritt sowie die Bereiche der Unterarmmuskulatur, der Bizeps und die Waden. Tauchanzüge sind meistens zu eng geschnitten und aus zu steifem Material. Sie schnüren an Armen und Beinen das Blut ab, was zur schnellen Ermüdung und zum Kräfteverlust führt. Achten Sie deshalb beim Kauf eines Surfanzuges besonders auf den guten Sitz. Sofern der Anzug außen mit Nylon beschichtet ist, sollte er zumindest an den Knien mit rutschfestem Gummi versehen sein. Außerdem muß der Anzug an Armen und Beinen Reißverschlüsse haben, so daß man ihn je nach Gelegenheit »einstellen« kann. Z. B. startet man bei kühler Witterung mit geschlossenen Ärmelreißverschlüssen. Schon nach wenigen Minuten wird einem zu warm, und die Arme beginnen anzuschwellen. Jetzt öffnet man die Ärmelreißver-

schlüsse. Einerseits werden die Arme dadurch genügend durchblutet, und andererseits werden die Bewegungen durch den nun lockeren Ärmel nicht mehr gehemmt. Besonders wichtig ist der Ärmelschnitt. In der Armbeuge und unter den Achseln staut sich das Material und führt so zu den beschriebenen Nachteilen. Unbedingt zu empfehlen ist ein zweiteiliger Anzug; in wärmeren Jahreszeiten trägt man so nur den sogenannten »Long John« mit einer Windbluse, während an kühleren Tagen noch zusätzlich eine Neoprenjacke wärmt. Surfer, die auch bei winterlichen Temperaturen nicht auf ihr Vergnügen verzichten wollen, ziehen dann über den kompletten Neoprenanzug noch einen warmen Anorak. Eine gute Sache ist auch die sogenannte *Neopren-Unterwäsche.* Dieses ca. 2 mm dünne Material, mit nach innen offenliegenden Neoprenzellen, wärmt sehr und unterstützt die Bewegungsfreiheit. Diese speziell für den Surfsport entwickelte Neopren-Dünn-Bekleidung ist deshalb so anzuraten, weil man sie im Sommer alleine und im Winter zusätzlich unter dem normalen Surfanzug tragen kann.

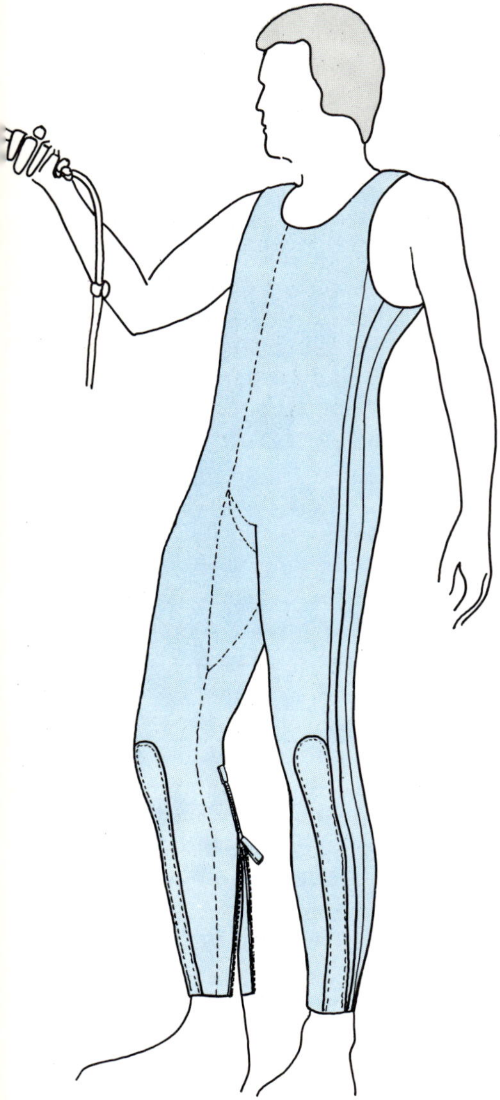

Ein Windsurfing-Anzug muß aus flexiblem Material gefertigt sein. Wichtig ist, daß der Arm- und Beinschnitt Beweglichkeit gewährleistet.

Surfstiefel

Neoprenfüßlinge, wie man sie beim Tauchen verwendet, sind auch für das Windsurfen zu empfehlen. Nach den ersten Übungsstunden sind zumeist nur noch die Füße im Wasser, und mit deren Unterkühlung ist nicht zu scherzen. Es werden deshalb schon regelrechte *Neoprenstiefel* angeboten, meist mit Reißverschluß. Diese Stiefel haben andererseits den Nachteil, daß man mit ihnen auf dem Surfboard nicht genügend Halt findet. Es ist ratsam, über den normalen Neoprenfüßling einen Turnschuh zu ziehen mit besonders weicher, möglichst Naturkautschuksohle. Besonders gut sind natürlich spezielle *Windsurfing-Schuhe.* Sie zeichnen sich durch hochgezogene, rutschfeste Sohlen aus und lassen über der Ferse dem Fuß die notwendige Bewegungsfreiheit.

Surfhandschuhe

Surfsegler erkennt man nicht nur an ihrem gut ausbalancierten Gang, sondern auch an ihrem Händedruck, wenn sie einem mit beherztem Starkwindgriff die hornhautüberzogene Rechte reichen. Nach einem intensiven Windsurfingurlaub mit mehreren Starkwindeinlagen gleicht die Hornhaut der Handflächen oft der der

Spezielle Windsurfing-Schuhe lassen dem Fuß genügend Bewegungsfreiheit und verhindern ein Abrutschen.

Die Windsurfing-Unterwäsche ist gleichzeitig die ideale Bekleidung für den Sommer.

Die Windsurfing-Unterwäsche dient als zusätzlicher Wärmeschutz an kalten Tagen unter dem Neoprenanzug.

Fußsohlen. Sobald sich dieser natürliche Schutz gebildet hat, ist von jedem Handschuh zum Windsurfen abzuraten. Für die ersten Anfänge allerdings haben sich einfache Gummihandschuhe, wie sie unter der Bezeichnung »Küchenhandschuhe« im Handel erhältlich sind, bestens bewährt.

Das Problem beim Surfhandschuh liegt darin, daß alles, was zwischen Handfläche und Gabelbaum liegt, den sicheren Griff und das Gefühl für das Surfen beeinträchtigt. Man soll deshalb lieber bei den ersten Starkwinderlebnissen immer wieder einen Blick auf die Handflächen werfen und diese öfter nach dem Surfen eincremen.

Kopfbedeckung

Normalerweise benötigt man zum Windsurfen keine Kopfbedeckung. Wer jedoch glaubt, seine Haare schützen zu müssen, dem genügt eine einfache Badekappe. Surfenthusiasten ziehen es auch vor, im Winter eine Tauchermütze aus Neopren über den Kopf zu ziehen. Diese warme Bekleidung läßt nur noch das Gesicht frei. Sie hat den Nachteil, daß man schlecht hört und außerdem der Gleichgewichtssinn beeinträchtigt wird.

Anders sieht es bei brütender Hitze aus. Hier sollte man nicht die enorme Einstrahlung auf das Wasser vergessen. Es ist durchaus sinnvoll, im Hochsommer als Sonnenschutz eine Kappe zu tragen, womöglich mit einem breiten Schild. Experten bevorzugen neuerdings Spritzwasserbrillen, dies besonders beim Tandemsurfen, worauf wir später noch eingehen werden.

Windsurfing-Theorie

Die Führung eines Surfseglers ist von dem eines Segelbootes so grundverschieden, daß selbst erfahrene Segler eine Zeit lang brauchen, bis sie mit den Bewegungen eines auf Hochgeschwindigkeiten ausgerichteten Windsurfingboards und seiner eigenwilligen Steuerung vertraut sind. Zu den Grundlagen des Windsurfingsportes gehören Theorie und Praxis. Beides will gelernt sein. Deshalb ist es notwendig, daß wir uns vor dem feuchten Vergnügen noch etwas mit trockener Theorie beschäftigen.

Der Wind

Das Segel ist der Motor unseres Surfboards, genauer gesagt der Windmotor. Sein Kraftstoff ist der Wind. Um sich mit dem Surfboard vorwärts bewegen zu können, muß man sich über den Wind, seine Auswirkung auf das Segel und die Auswirkung des Segels auf die Steuerung im klaren sein.
Die wichtigste Frage, die man sich während der ersten Übungsstunden ständig stellen muß, lautet: Woher kommt der Wind? Von ihm hängt alles ab. Ist man nämlich nicht in der Lage, ihn mit dem Segel richtig zu nutzen, treibt er das Board gnadenlos vor sich her, auf offene See, zu Klippen, in Badezonen oder an andere unliebsame Orte.
Wer den Wind an seinem Körper nicht spürt, der beachte Flaggen, Fahnen oder Boote, die vor Anker liegen. Wer sich dann immer noch im unklaren ist, der wirft Gras hoch oder steckt seinen Finger in den Mund, hält ihn hoch und fühlt so, woher der Wind kommt. Die Windrichtung steht bei allen Überlegungen auf dem Wasser an erster Stelle. Da das Segel gleichzeitig auch Steuer ist, muß man sich um so genauer mit der Einwirkung des Windes auf das Segel auseinandersetzen.

Die physikalische Erklärung

Auf *Vorwindkurs,* also dem Wind von hinten, ist die Vorwärtsbewegung jedem erklärlich, denn der Wind treibt unser Segel und unser Brett wie ein Blatt »vor dem Wind« vor sich her. Was aber passiert, wenn man nicht vor, sondern im rechten Winkel zum Wind fährt? Der Wind prallt nun schräg seitlich von vorne auf unser Segel und wird in zwei Luftströme geteilt. Der eine Luftstrom muß hinter dem Mast in *Lee* um das ganze Segel herum, legt dabei einen weiteren Weg zurück, beschleunigt sich und verursacht einen Unterdruck auf der Lee-Seite des Segels. Der andere Luftstrom in *Luv* staut sich im Segel und verursacht einen Überdruck. Das Segel bewegt sich also in einem Druckunterschied zwischen Luv- und Leeseite und hat ständig das Bestreben, vom Überdruck in den Unterdruck auszuweichen, also von Luv in Richtung Lee. Welche Kräfte dabei in Wirklichkeit auftreten, werden wir später noch erfahren (s. Abb. S. 72).
Wir kennen nun die Arbeitsweise unseres Windmotors. Damit er immer volle Leistung bringt, muß genügend und richtiger Wind-Kraftstoff vorhanden sein.
Der Wind, der im fahrenden Zustand auf unser Segel einströmt, ist nicht derselbe Wind, den wir am Ufer spüren. Man unterscheidet:

- *wahren Wind*
- *Fahrtwind und*
- *scheinbaren Wind.*

Der *wahre Wind* ist der *atmosphärische Wind,* wie man ihn am Ufer spürt und so wie er von einer Fahne angezeigt wird, die beispielsweise am Ufer auf einem Fahnenmast weht.
Der *Fahrtwind* ist der Wind, den man z. B. auf einem Motorboot spürt, wenn man in rasanter Fahrt über den See braust (reinen Fahrtwind spüren wir bei sonstiger Windstille). Dieser Wind kommt also immer von vorne auf das Boot.

Der Luftstrom teilt sich vor dem Segel nach Luv und Lee, dadurch entsteht ein Druckunterschied von Luv nach Lee, in dem das Segel nach Lee ausweicht.

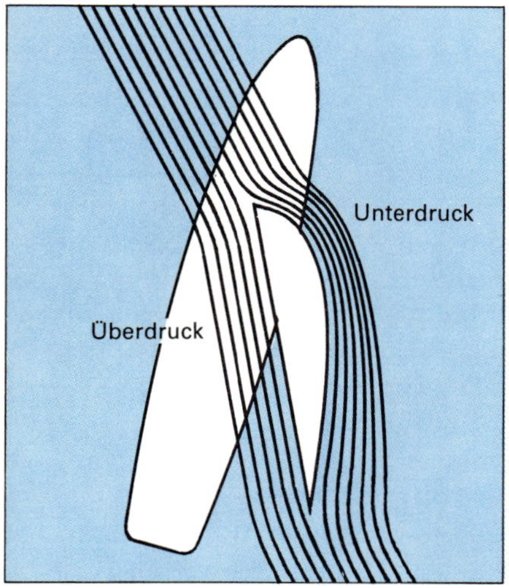

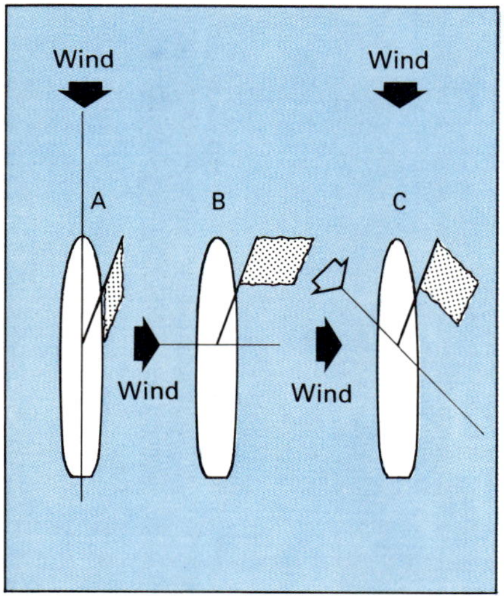

A Eine Fahne weht im Fahrtwind
B Eine Fahne weht im wahren Wind
C Die Fahne weht im scheinbaren Wind, der sich aus Fahrtwind und wahrem Wind zusammensetzt.

Der *scheinbare Wind* resultiert nun aus wahrem und aus Fahrtwind. Den scheinbaren Wind kann man demnach nur fahrend auf unserem Surfboard wahrnehmen. Dieser scheinbare Wind ist entscheidend für die Steuerung des Surfboards. Wir werden noch lernen, wie genau man auf ihn zu achten hat (s. S. 101).

Vorerst merken wir uns die Regel:

Will ich auf dem Wasser den wahren Wind erkennen, so lasse ich einfach mein Segel flattern, die Richtung des Segels zeigt mir die Richtung des wahren Windes an.

Damit das Segel immer optimal arbeitet, muß es ständig im richtigen Winkel zum scheinbaren Wind angestellt werden. Mit Anstellen des Segels ist der Winkel zwischen Board-Längsachse und Gabelbaum gemeint. Abb. S. 27 soll die Segelstellung bei verschiedenen Fahrtrichtungen zeigen. Sie werden bemerken, daß das Gabelbaumende um so weiter vom Heck entfernt ist, je mehr man vom Wind abfällt.

Merken Sie sich deshalb:

Für jede Fahrtrichtung ist immer nur eine richtige Segelstellung möglich. Man findet sie, indem man das Segel killen läßt und darauf eine Handbreit dichtholt.

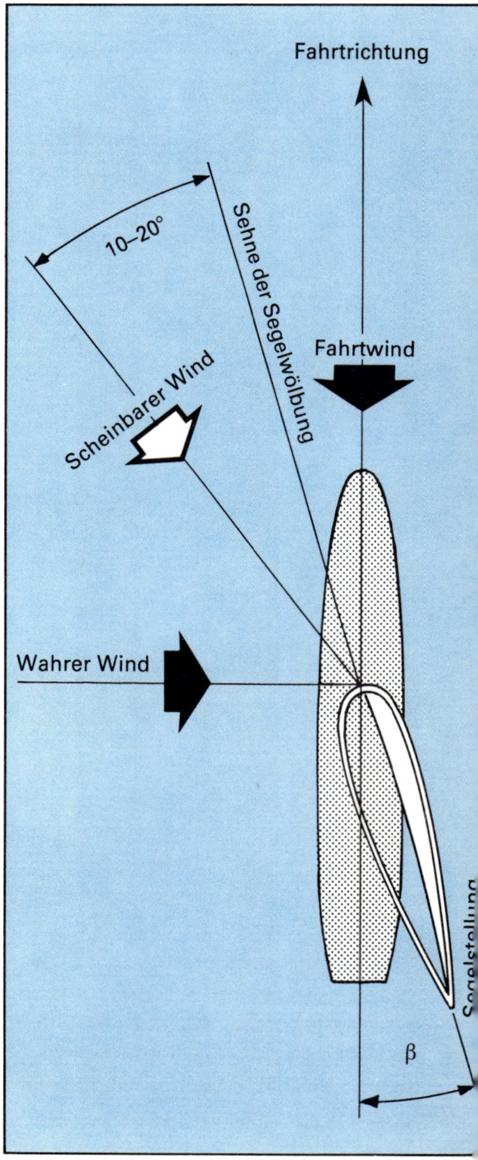

Die Fahrtrichtung

Grundsätzlich segelt man mit dem Brett in jede gewünschte Richtung auf dem Wasser. Natürlich ist uns dabei klar, daß man mit dem Segelfahrzeug nicht direkt gegen den Wind surfen kann. Wir wissen ja schon von den physikalischen Grundlagen des Segels her, daß dieses immer unter einem bestimmten Winkel vom Wind angeströmt werden muß. Demnach ist es nicht möglich, die Fahrtrichtungen innerhalb 360° – von oben gesehen betrachtet – in einem Bereich zu segeln, der einen Winkel von ca. 90° umfaßt (s. Abb. rechts weißes Boot). Die Position (1) zeigt die Lage des Surfboards hart am Wind. Ein Versuch, noch *härter* an den Wind zu gehen, führt zum Stillstand des Segelbrettes. Natürlich kann man auch gegen den Wind segeln, man *kreuzt* dann. Das heißt, man segelt in einer Zickzacklinie *»hoch«* oder *»hart«* am Wind.

Auf den einzelnen Kursen arbeitet das Segel nur in der *idealen Segelstellung* optimal. Man findet sie durch *auffieren* des Segels mit der Segelhand bis das Segel hinter dem Mast leicht zu *killen,* also zu flattern beginnt, sodann holt man das Segel wieder eine Hand breit dicht. Der Winkel des Segels zum scheinbaren Wind beträgt dann, auf allen Kursen, außer Vorwind wie in der Abbildung links gezeigt etwa 10–20°.

Die »ideale Segelstellung«

Mit der Fahrtrichtung ändert sich auch die Segelstellung. Je weiter man vom Wind abfällt, desto »offener«, gefierter wird das Segel geführt. Dabei wandert der scheinbare Wind mit zunehmender Geschwindigkeit in Richtung Fahrtwind, er strömt also weiter von vorne auf das Segel ein.

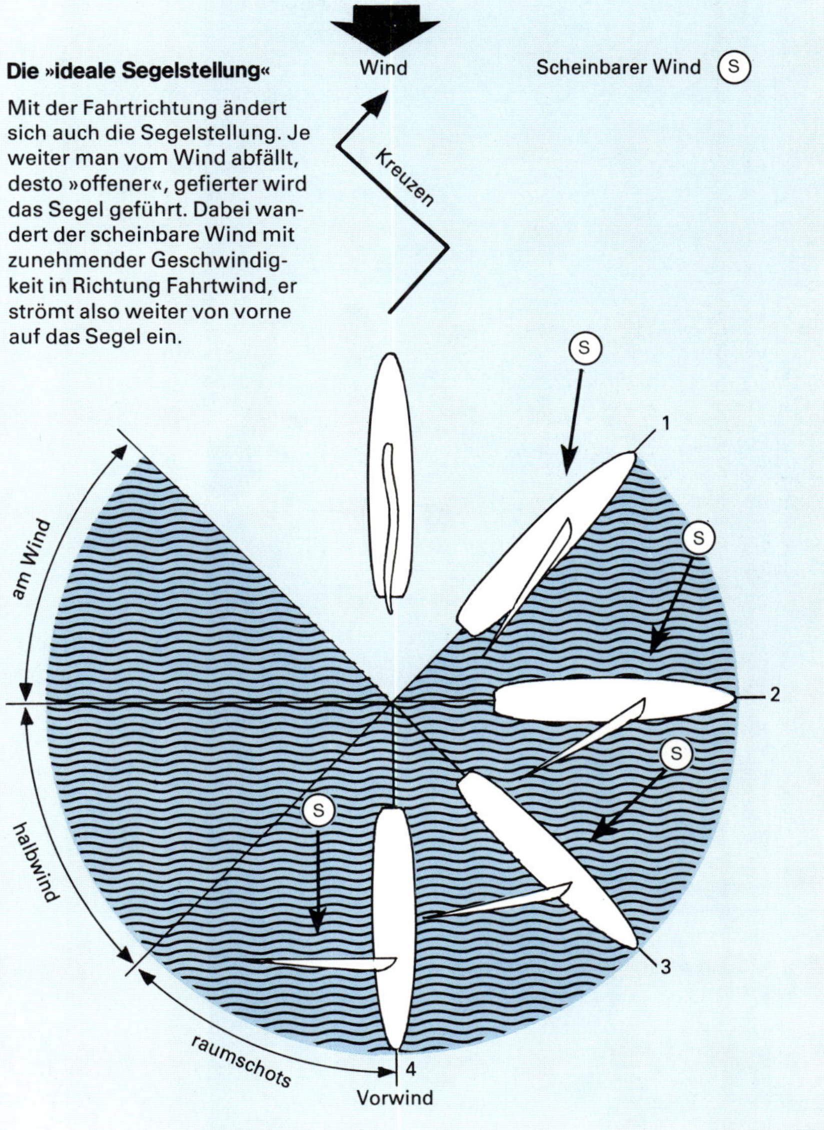

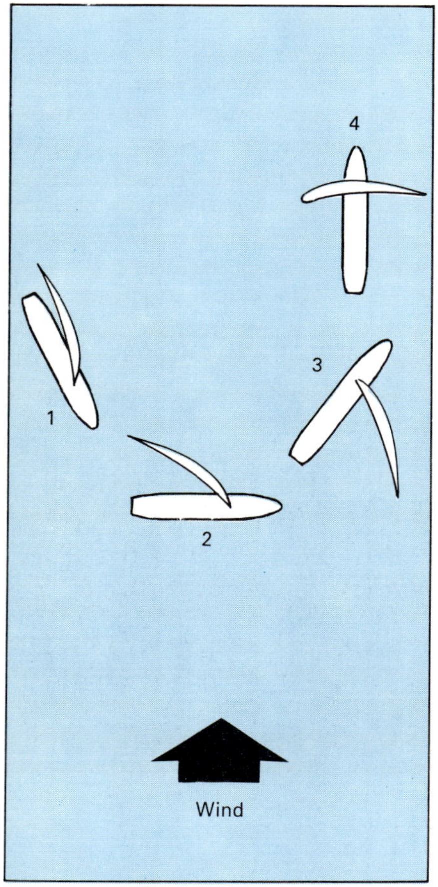

Um einen bestimmten Kurs mit seinem Segelsurfbrett einzunehmen, muß man immer die Windrichtung kennen. Von der Windrichtung ausgehend wird dann der Kurs bestimmt.

Je weiter man mit dem Board vom Wind abfällt, desto offener muß man das Segel führen.

Die einzelnen Fahrtrichtungen sind folgendermaßen benannt:

Hart am Wind oder hoch am Wind

Auf diesem *Kurs* (so nennt man die Fahrtrichtung in der Seglersprache) segelt man mit *dichtem* Segel, d. h. der Winkel β zwischen Gabelbaum und *Boardlängsachse* ist sehr klein.

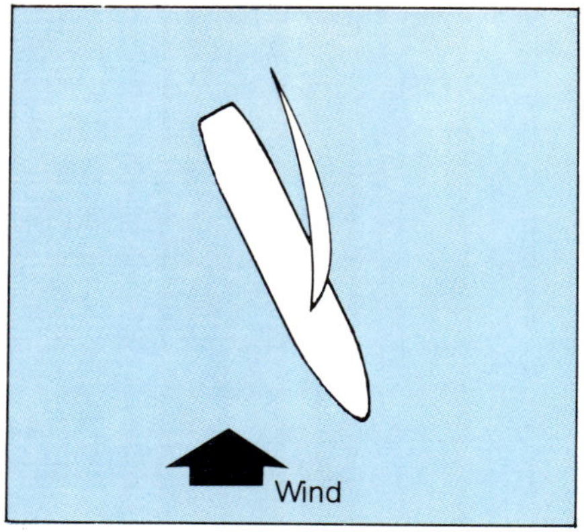

Halber Wind

Mit halbem Wind segelt man dann, wie das Wort schon sagt, wenn der wahre Wind im rechten Winkel zur Bootslängsachse auf das Segel einströmt. Fast immer bewegt man sich so parallel zu den Wellen, die durch den Wind verursacht werden. Man hat also nicht mit Wellenberg und Wellental zu kämpfen.

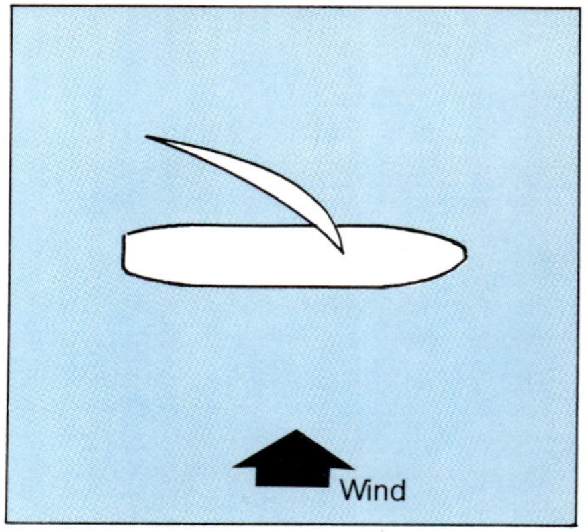

Raumschots

Auf diesem Kurs *fiert* man das Segel fast bis zum rechten Winkel zum Board. Unter Fieren versteht man, mit dem Segel dem Winddruck nachzugeben, also den Winkel zwischen Gabelbaumende und Heck zu vergrößern, was genau dem Gegenteil von *dichtholen* entspricht.

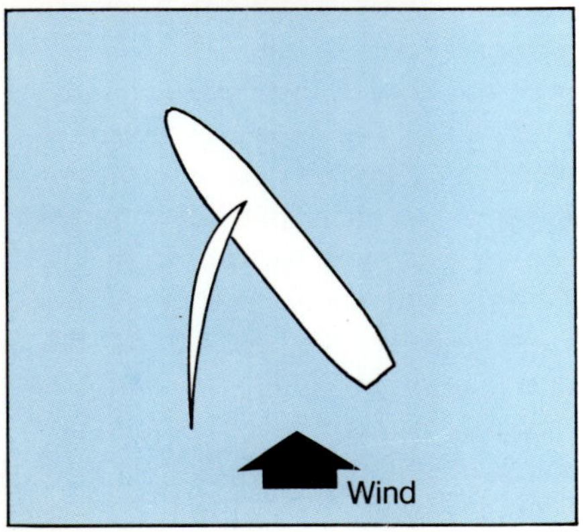

Vor dem Wind

Wie schon die Bezeichnung dieses Kurses ausdrückt, segeln wir in die Richtung, in die der Wind bläst. Man segelt nun mit den Wellen, es entsteht der Eindruck von geringerer Geschwindigkeit. Das Segel hält man vor dem Körper, und nur noch die Plastikfenster im Segel bieten Sicht nach vorne.

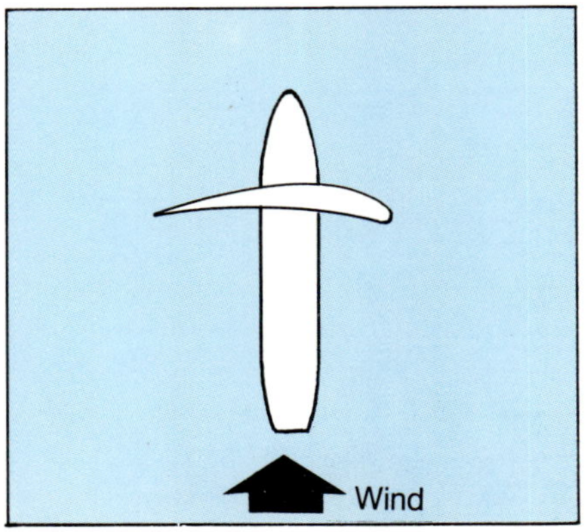

Kreuzkurs

Wenn man gegen den Wind segelt, also einen Punkt erreichen will, der *im Wind liegt,* so ist man gezwungen, mit dem Board in einer Zickzacklinie gegen den Wind anzukreuzen.

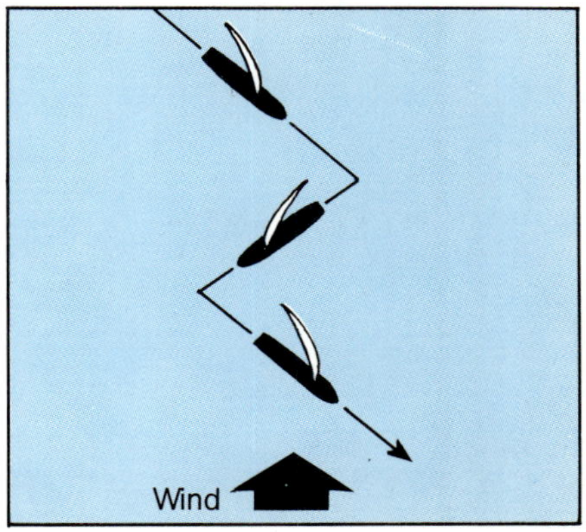

Durch Vor- und Zurückneigen des Mastes und damit der Veränderung von Segelschwerpunkt und Lateralschwerpunkt wird ein Segelsurfbrett gesteuert.

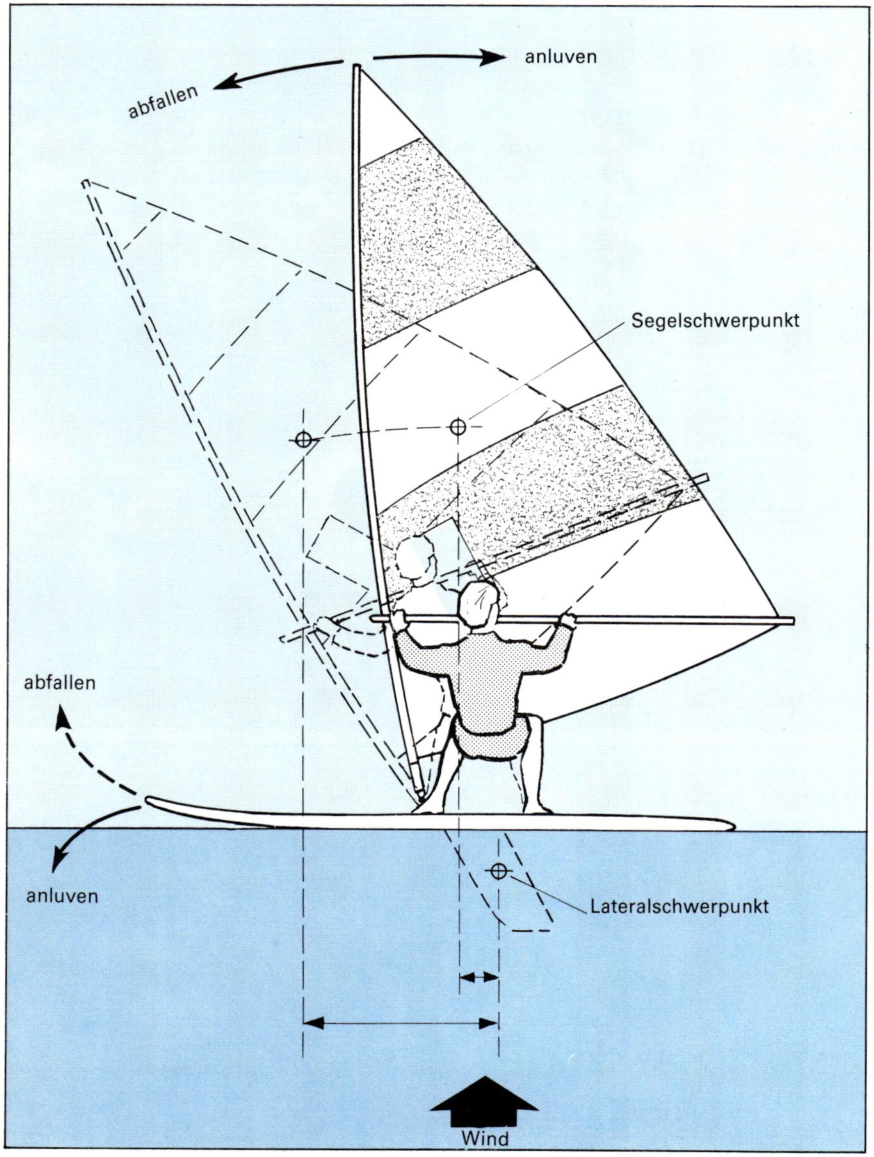

Die Steuerung

Der grundlegende Unterschied zwischen Segelboot und Segelbrett liegt in der Art der Steuerung. Ein Segelbrett wird nur mit dem Segel ohne zusätzliche *Ruderanlage* gesteuert. Windsurfing ist deshalb Segeln in seiner elementarsten Form. Mit dem Wind in den Händen bestimmen Sie nicht nur Ihre Fahrtrichtung, sondern auch die Geschwindigkeit. Namhafte Fachleute bezeichnen deshalb Windsurfing als eine der größten Erfindungen im Segelsport. Das Prinzip der Steuerung ist denkbar einfach. Wir wissen, daß unser Segel während der Fahrt die Tendenz hat, von seinem Überdruck in einen Unterdruck auszuweichen, damit zieht es natürlich das Board mit. Das seitliche Abtreiben dabei wird vom Schwert verhindert. Alle Kräfte, die im Segel wirken, könnte man sich nun in einem einzigen Punkt vereint vorstellen, den man den *Segelschwerpunkt* nennt (Abb. links). Die Teile im Wasser, nämlich Board, Schwert und Heckflosse bilden ebenfalls einen gemeinsamen *Flächenschwerpunkt,* den man *Lateralschwerpunkt* nennt. Bei Fahrt recht voraus liegt nun der Segelschwerpunkt knapp vor dem Lateralschwerpunkt. Verändert man nun durch die Neigung des Segels nach vorne den Segelschwerpunkt im Verhältnis zum Lateralschwerpunkt, so ist das Gleichgewicht gestört, und das Board hat das Bestreben, vom Wind wegzudrehen, es fällt ab. Umgekehrt dreht das Board in den Wind, es luvt an, wenn man das Segel nach hinten neigt und damit den Segelschwerpunkt hinter den Lateralschwerpunkt verlegt.

Merken Sie sich die zwei wichtigen Regeln:

1. **Das Segelbrett wird durch Neigen des Segels nach vorne, zum *Bug,* bzw. nach hinten, zum *Heck,* gesteuert.**
2. **Jede Fahrtrichtung ist immer nur mit einer Segelstellung möglich.**

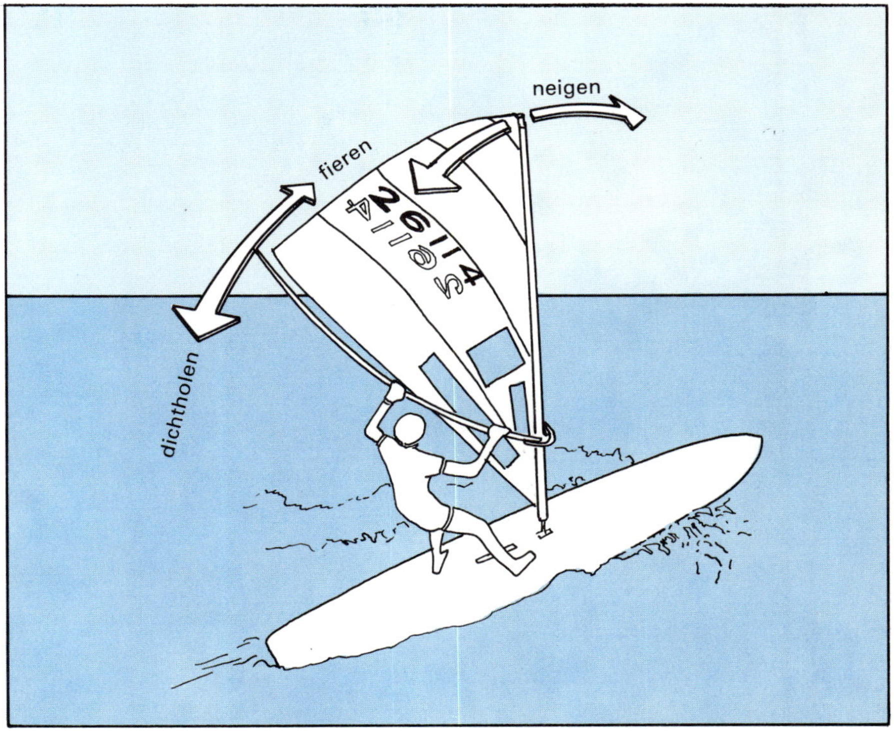

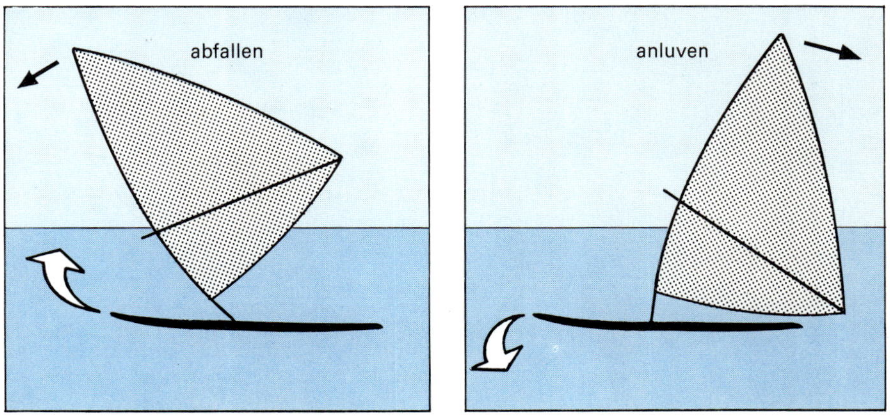

Man unterscheidet Neigen des Mastes nach vorne und hinten (Bug und Heck) und Fieren und Dichtholen des Segels mit dem Gabelbaum.

Windsurfing-Praxis

In fast allen Windsurfingschulen stehen *Simulatoren* zur Verfügung, um die wichtigsten Bewegungsabläufe sowie die Funktion der Steuerung bereits an Land üben und erlernen zu können. Wir empfehlen Ihnen daher, auf alle Fälle an einem Kurs in einer Windsurfingschule teilzunehmen. Unter Aufsicht erfahrener Lehrer in einer fröhlichen Gruppe spart man sich nicht nur viele mühevolle Wasserstunden, man surft auch in sicheren, abgegrenzten Übungsrevieren, mit Hilfsmitteln wie z.B. der Bojenschulung. Ein Windsurfing-Grundscheinkurs dauert ca. 5–7 Stunden.

Die Windkraft

Sollten Sie keinen Simulator zur Verfügung haben, so besteht Ihre erste Übung darin, sich mit der Kraft des Windes zu messen. Spannen Sie dazu wie bereits beschrieben Ihr Segel auf und legen es vor sich auf den Boden. Sie stehen mit dem Rücken zum Wind, treten mit einem Fuß auf den Mastfuß und ziehen nun an der Startschot das Segel zu sich hoch, bis es frei im Wind flattert. Wer es perfekt machen will, kann seinen Mastfuß auch in den Sand eingraben, wodurch die nachfolgenden Übungen leichter auszuführen sind.
Spätestens, wenn das Segel frei im Wind flattert, wissen Sie auch die genaue Windrichtung, denn es zeigt uns ja ähnlich wie eine Fahne den Wind an.

Merken Sie sich gleich die Regel:

Zum Segelhochholen und Starten mit dem Segelbrett steht man immer mit dem Rücken zum Wind.

Versuchen Sie nun, das Segel mit beiden Händen am Gabelbaum gegen den Wind anzustellen. Wir nennen in Zukunft die Hand, die sich in der Nähe des Mastes befindet, die *Masthand,* die andere Hand heißt die *Segelhand.* Sobald Sie nun mit der Segelhand etwas mehr anziehen, spüren Sie die Kraft des Windes. Je nach Windstärke können Sie sich voll an den Gabelbaum hängen und das Gleichgewicht zwischen Ihrem Körpergewicht und der Kraft, die am Segel wirkt, herstellen. Dieses Spiel mit dem Wind wird immer mit der Segelhand kontrolliert. Ein Anziehen der Segelhand, also ein Dichtholen des Segels, führt zu mehr Druck im Segel, Sie können sich mit größerer Kraft dagegen stellen; ein Nachlassen der Segelhand, also Fieren des Segels, führt zur Druckminderung im Segel, Sie benötigen weniger Kraft, es zu halten. Falls Sie genügend Wind haben, versuchen Sie ruhig einmal, sich ganz nach hinten zu legen und mit gestreckten Armen am Gabelbaum zu hängen.

Der Simulator, die wichtigste Lernhilfe guter Windsurfing-Schulen.

Sich mit der Windkraft messen, eine der ersten Übungen an Land.

Das Balancieren ohne Segel auf dem Brett kann nicht ausgiebig genug geübt werden.

Kinder haben mit und ohne Segel kaum Balanceschwierigkeiten.

Balanceübungen

Noch bevor Sie mit Brett und Segel ins Wasser gehen, müssen Sie die Schwimmstabilität Ihres Boards kennenlernen. Unterschätzen Sie nicht diese Übung. Erst wenn Sie gelernt haben, einwandfrei auf dem Brett zu stehen, sich darauf zu bewegen und die stabilen wie labilen Standzonen kennen, sind Sie in der Lage, mit Segel und Brett weiterzuüben.
Nachdem Sie das Schwert in das Board eingesteckt haben, legen Sie sich darauf und paddeln in etwas tieferes Wasser. Nun knien Sie sich links und rechts neben den Schwertkasten und fassen am besten mit den Händen die Boardkanten an. Jetzt kippen Sie das Brett nach links und rechts und lernen so seine Stabilität kennen. Vorsichtig richten Sie sich auf und stehen breitbeinig über dem Schwertkasten. Sie versuchen, sich nun langsam um 360° mit kleinen Schritten, sogenannten *Kontaktschritten,* zu drehen. Dazu heben Sie Ihre Füße nur wenig hoch und schleifen mit ihnen mehr oder weniger über das Board. Nachdem Ihnen das gelungen ist, führen Sie weitere Drehungen mit *Hebeschritten* aus, d. h. Sie stehen jeweils kurzzeitig auf einem Bein. Das Balancieren auf dem Board ist deshalb so wichtig, weil später entscheidende Bewegungsabläufe mit einem Runden des Ma-

stes verbunden sind. Gut ist es, wenn Sie die Übung mit viertel, halben und ganzen Drehsprüngen abschließen können. Stellen Sie sich dazu breitbeinig auf das Brett, die Schultern sind parallel zur Bootslängsachse. Mit einem Satz versuchen Sie, sich nun um 180° zu drehen.

Übungen in der Gruppe:

Wer dreht sich am schnellsten auf dem Board?

Wer schafft den 180°-Sprung schnell hintereinander?

Wer geht am weitesten zur Spitze oder zum Heck, ohne dabei ins Wasser zu fallen?

Wer schafft den Kopfstand auf dem Brett?

Den Abschluß der Balanceübungen bilden viertel, halbe und ganze Drehsprünge auf dem Board.

Segelhochholen

Sie holen nun auch das Segel ins Wasser und stecken den Mastfuß in die entsprechende Aussparung des Segelbretts. Am besten drehen Sie das Board in hüfttiefem Wasser so, daß das Segel in *Lee,* also auf der *windabgewandten Seite* des Brettes, liegt und Sie in *Luv,* also der *windzugewandten Seite* des Brettes, stehen. Dann klettern Sie auf das Board und nehmen die Grundstellung ein. Dabei steht ein Fuß vor dem Mast in ca. 45° zur Bootslängsachse, während der andere Fuß in der Mitte des Schwertkastens placiert wird. Sie greifen nun zur Startschot, gehen in die Hocke und ziehen mit gestreckten Armen und unter gleichzeitigem Strecken der Beine das Segel aus dem Wasser. Dieser Vorgang geschieht ganz langsam, damit das Wasser Zeit hat, aus dem Segel »auszulaufen«. Sie stehen nun in der sogenannten *Grundstellung* auf dem Board. Rücken zum Wind, Füße in der bereits beschriebenen Stellung, beide Hände an der Startschot, das Segel flattert frei im Wind. Wichtig ist, daß Sie das Segel im rechten Winkel zum Board hochholen. Auch wenn Sie dann in der Grundstellung aufrecht auf dem Brett stehen, soll das Segel immer im rechten Winkel zur Bootslängsachse im Wind flattern. Diese Stellung des Segels nennt man *querab.*

1

2

3

4

5

6

Zum Hochholen des Segels geht man in die Knie und faßt mit gestreckten Armen die Startschot. Zu Beginn wird der Zug nur durch Strecken der Beine erreicht. Ist man aufgerichtet und das Segel ist nahezu aus dem Wasser, holt man das Rigg durch Beugen der Arme zu sich heran. Wichtig ist, daß der Mast mit dem Segel im rechten Winkel zum Board gehalten wird.

Die Grundstellung ist gekennzeichnet durch die Mast-Querab-Position (flatterndes Segel im rechten Winkel zum Board).

Ein Fuß steht vor dem Mast, der andere auf dem Schwertkasten. Das Segel wird mit gestreckten Armen dicht unterhalb des Gabelbaums an der Startschot gehalten.

Der Oberkörper ist aufrecht, die Beine sind leicht gebeugt, um die Wellenbewegung »auszufedern«.

Beim Runden des Mastes hält man die Startschot mit einer Hand, während man die andere gestreckt zum Balancieren verwendet.

Drehübung

Sie erinnern sich an die theoretischen Überlegungen: Das Board *luvt an,* es geht in den Wind, wenn das Segel nach hinten zum Heck geneigt wird. Die Aufgabe lautet jetzt, durch Neigen des Segels auf eine Seite das Board unter sich zu drehen. Das passiert aus der Grundstellung heraus. Mit gestreckten Armen an der Startschot lehnen Sie das Segel an den Wind und kippen es dabei gleichzeitig zum Heck. Ihr Board dreht sich nun in den Wind und mit kleinen Schritten, immer der Drehgeschwindigkeit des Boards angepaßt, runden Sie den Mast so lange, bis sich Ihr Board um 360° gedreht hat und Sie die Ausgangsstellung wieder erreicht haben. Bei dieser Übung sollte man den Gabelbaum nicht anfassen, sondern beide Hände an der Startschot lassen oder aber mit einer Hand frei in der Luft Balance halten. Je stärker Sie das Segel gegen den Wind drükken bzw. den Mast neigen, um so schneller wird sich Ihr Board drehen. Machen Sie sich daraus einen Spaß. Drehen Sie Ihr Brett so schnell Sie können. Bei mehr Wind wird es dabei bereits in Fahrt kommen und einen Kreis von ca. 10–20 m Durchmesser beschreiben. Das Brett dreht sich bei richtiger Handhabung des Segels vollkommen alleine und ohne Kraftaufwand.

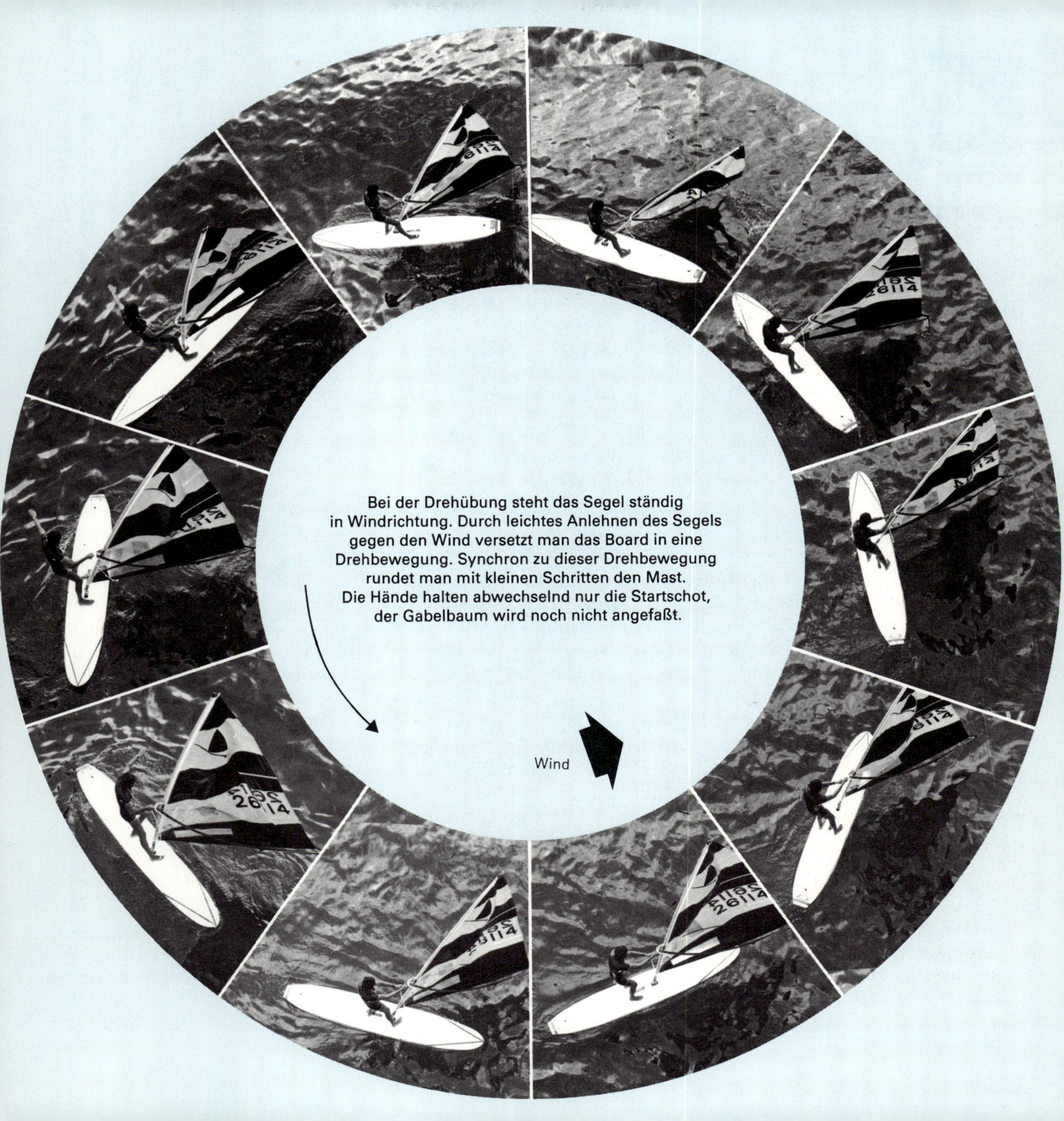

Bei der Drehübung steht das Segel ständig in Windrichtung. Durch leichtes Anlehnen des Segels gegen den Wind versetzt man das Board in eine Drehbewegung. Synchron zu dieser Drehbewegung rundet man mit kleinen Schritten den Mast. Die Hände halten abwechselnd nur die Startschot, der Gabelbaum wird noch nicht angefaßt.

Der Start

Für den Start nehmen Sie die Grundstellung ein. Rücken zum Wind, Segel frei flattern lassen, ein Fuß unter 45° vor dem Mast, der andere auf dem Schwertkasten. Prägen Sie sich nun folgenden Bewegungsablauf ein:

1. Sie kontrollieren Bug und Heck und bestimmen so die Richtung, in die Sie fahren wollen. Daraus ergibt sich auch die Segel- und die Masthand. Die Segelhand zeigt zum Heck und die Masthand zum Bug (Fotoreihe rechts, Bild 1).
2. Suchen Sie sich jetzt einen Orientierungspunkt im Wasser oder an Land.
3. Die Fußstellung wird nun so verändert, daß der vordere Fuß etwa unter 45° zur Bootslängsachse (also schräg) neben dem Mastfuß steht, und der hintere etwas zurück versetzt wird auf oder hinter den Schwertkasten (Bild 2).
4. Die Masthand faßt zuerst an den Mast.
5. Die Segelhand läßt die Startschot los, und der Arm hängt neben dem Körper.
6. Während sich der Oberkörper langsam in Fahrtrichtung dreht, führt die Masthand das Segel schräg am Oberkörper vorbei nach Luv und vorne, bis der Arm leicht angewinkelt vor der Schulter ist.
7. Das Segel flattert immer noch frei im Wind, Sie sehen jetzt in Fahrtrichtung über den Bug (Bild 3).
8. Die Segelhand greift nun ca. 50 cm hinter der Masthand an den Gabelbaum (Bild 4).
9. Während sich der Oberkörper zurück dreht, holt die Segelhand das Segel leicht dicht (Bild 5, 6).

Merken Sie sich die wichtige Regel:

Dem Winddruck gibt nur die Segelhand nach, während die Masthand in unveränderter Position bleibt.

Entscheidend für das ermüdungsfreie Üben ist Ihre aufrechte Körperhaltung. Beine und Arme sind leicht gebeugt, so daß Sie jederzeit Bewegungen des Boards, verursacht durch die Wellen, ausfedern können. Ihr Oberkörper ist aufrecht und auf keinen Fall nach vorne geneigt. Windstöße, die Sie seitlich oder nach vorne ziehen, pendeln Sie durch Fieren des Segels aus. Für den Startvorgang ist unbedingt notwendig, daß Sie sich über Funktion von Mast- und Segelhand klar sind. Während die Segelhand (mit ihr wird gesegelt) das Segel dicht holt oder fiert, wird mit der Masthand die Neigung des Mastes bestimmt.

Es wird unterschieden zwischen:

Neigen des Mastes nach Bug und Heck (Steuerung) und
Fieren bzw. Dichtholen des Segels (Ausgleichen des Windes).

Und das passiert oft beim Start:

Noch während die Segelhand an den Mast faßt, luvt das Brett an, und sobald man das Segel dicht hat, fällt man schon rücklings ins Wasser.
Das Anluven des Brettes vermeidet man, wenn man den rechten Winkel zwischen Board und Segel konsequent so lange einhält, bis die Segelhand an den Gabelbaum greift, um das Segel langsam dichtzuziehen.

Das Segel kann nicht gehalten werden, es zieht stark nach Lee und reißt einen förmlich um.
Man steigt auch in dieser Situation nicht vom Brett ab, wenn die Segelhand dem Winddruck nachgibt, im schlimmsten Fall den Gabelbaum ganz losläßt.

Die Bugspitze des Surfboards gräbt sich in die Wellen.
Wenn das passiert, sollte man seine Beinstellung korrigieren: Vorderer Fuß ganz knapp vor den Mast und hinterer Fuß auf dem Schwertkasten.

Das Board setzt sich wohl in Bewegung, luvt aber gleich darauf an, so daß man keinen Wind mehr im Segel hat.
Hier wurde während des Startvorgangs das Segel nicht genügend nach vorne und nach Luv geneigt. Man begegnet dem Anluven durch stärkeres Neigen des Mastes zur Bugspitze.

Sobald die Segelhand an den Gabelbaum faßt, verliert man das Gleichgewicht und fällt ins Wasser.
Das hängt sicherlich mit der Placierung der Füße (s. Grundstellung S. 37) und mit dem Griff am Gabelbaum zusammen. Die beiden Hände sollten mindestens mit 50 cm Abstand am Gabelbaum greifen.

1

2

3

4

5

6

Start mit Masttechnik

Sie werden vielfach auch noch die Gabelbaumtechnik sehen, die auf der umseitigen Grafik dargestellt ist. Sie hat sich als nicht so zweckmäßig erwiesen und wird hier noch der Vollständigkeit halber erwähnt.
Wie schon ausgeführt, greift die Masthand zuerst an den Mast. Vorzugsweise unter dem Gabelbaum. Mit diesem Mastgriff kann stabil die Körperdrehung und das damit verbundene Schwenken des Segels schräg am Oberkörper vorbei nach vorne und Luv durchgeführt werden. Nachdem nun die Segelhand ebenfalls den Gabelbaum hält, das Segel aber noch im rechten Winkel zum Board steht, faßt auch die Masthand den Gabelbaum kurz hinter dem Mast (Bild 4). Erst jetzt erfolgt die »Körper-Rückdrehung«, bei der das Segel in einer ruhigen Bewegung dicht geholt wird (Bild 5). Die Masttechnik wird auch für andere Manöver benutzt, wie z. B. die Wende. Merken Sie sich also für die Zukunft: Kurz bevor der Mast gerundet wird, beim Wechsel der Windseite, greift die Masthand zuerst an den Mast.

Start mit Gabelbaumtechnik:

Beim Start greift aus der Grundposition heraus die Masthand zuerst den Gabelbaum. Darauf läßt man die Segelhand fallen, dreht den Oberkörper in Fahrtrichtung, zieht den Mast schräg am Oberkörper vorbei nach vorne und nach Luv, faßt nun mit der Segelhand den Gabelbaum, holt durch Rückdrehung des Oberkörpers dicht und startet damit.

1

2

Nach der Oberkörper-Drehung faßt auch die Segelhand den Gabelbaum, und noch bevor das Segel durch Rückdrehung des Oberkörpers dicht geholt wird, verläßt die Masthand den Mast und greift ebenfalls an den Gabelbaum.

Die Fahrstellung

Nach dem Start befinden Sie sich in der Fahrstellung, dabei können Sie den vorderen Fuß etwas zurück nehmen, neben oder hinter den Mast. Gehen Sie leicht in die Knie, Oberkörper aufrecht; Kopf hoch, Blick nach vorne in Fahrtrichtung. Lehnen Sie sich nun mit dem Segel gegen den Wind. Ist er zu stark, haben Sie zwei Möglichkeiten: Entweder Sie benutzen Ihr Körpergewicht und hängen sich mit gestreckten Armen an den Gabelbaum oder aber Sie fieren mit der Segelhand das Segel. Üben Sie dieses Balancespiel.

Die Steuerung

Sobald Sie in der Lage sind, mit Ihrem Surfboard zu starten, müssen Sie sofort darangehen, die Steuerung zu üben, denn ab jetzt stehen Sie auf einem Segelfahrzeug, das ähnlich Fahrzeugen im Straßenverkehr, einer Ordnung auf dem Wasser mit Vorfahrtsregeln und anderen Bestimmungen unterworfen ist. Ganz zu schweigen davon, daß Sie ohne Steuerkenntnisse für Schwimmer und andere Wassersportteilnehmer eine Gefahr darstellen. Sie sollten deshalb die ersten Übungen mit Ihrem Segelbrett niemals in Badebuchten, vor Hafeneinfahrten oder in stark befahrenen Gewässern vornehmen. Suchen Sie sich ein ruhiges Plätzchen, wo Sie nicht gefährdet sind und wo Sie niemand anderen mit Ihren Steuerübungen belästigen können.

Am besten surfen Sie nach dem Start erst einmal Schlangenlinien, d. h. Sie neigen den Mast kurz in Richtung Bugspitze und etwas auf die Luv-Seite, um ihn gleich darauf nach hinten zum Heck zu nehmen. Das Board fällt dabei kurz ab und luvt anschließend wieder an. So bekommen Sie ein Gefühl für den Steuerausschlag des Segels und lernen gleichzeitig das Balancieren auf dem Brett bei veränderter Segelstellung.

Als Faustregel können Sie sich merken:

Bei Geradeausfahrt soll der Gabelbaum immer parallel zur Wasseroberfläche stehen.

Sie werden feststellen, daß Sie des öfteren auf dem Wasser, abgelenkt durch Wind, Wellen und andere Wassersportteilnehmer, plötzlich nicht mehr wissen, in welche Richtung Sie das Segel neigen sollen, um eine bestimmte Fahrtrichtung einzuschlagen.

Prägen Sie sich deshalb von vorneherein folgendes ein:

Entscheidend ist immer die Windrichtung. Sie bestimmt die möglichen Fahrtrichtungen. Achten Sie deshalb ständig auf den Wind und stellen Sie fest, woher er kommt.

Beachten Sie weiter:

Ein Abfallen des Surfboards, also das »aus dem Wind fahren«, wird immer durch ein entsprechendes Beugen des hinteren Armes eingeleitet. Umgekehrt beugt sich der vordere und streckt sich der hintere Arm beim Anluven.

Die Wende

Sie haben bis jetzt gelernt, auf dem Brett zu stehen und durch Vor- oder Zurückneigen des Mastes zu steuern. Damit sie nun in jede gewünschte Richtung surfen und vor allen Dingen an Ihren Startplatz zurückkommen können, ist es notwendig, daß Sie ab jetzt noch zwei wichtige *Manöver* lernen, nämlich die *Wende* und die *Halse.*

Wenn Sie mit dem Wind von einer bestimmten Seite surfen oder segeln, so heißt das in der Seglersprache, »man fährt auf einem *Bug*«. Wenn Sie entgegenkommende Segelfahrzeuge beobachten, so werden Sie feststellen, daß diese ihre Segel immer auf der entgegengesetzten Seite zu Ihrem Segel stehen haben. Diese Boote fahren auf einem anderen Bug. Man unterscheidet:

Steuerbord, Steuerbordbug
Backbord, Backbordbug.

Auf Steuerbordbug segeln Sie dann, wenn Sie in Fahrtrichtung gesehen Ihr Segel auf der rechten Seite halten. Demnach steht Ihr Segel auf Backbord, wenn Sie es in Fahrtrichtung gesehen links halten.

Wenn Sie nun von Backbord auf Steuerbord wechseln und dabei der Bug des Surfboards durch den Wind geht, so haben Sie »gewendet«.

Es wird sich nun herausstellen, ob Sie die Balanceübung ernstgenommen haben, denn jetzt müssen Sie mit kleinen Schritten auf dem Surfboard um den Mast herumgehen. Ihre ersten Wenden sehen ähnlich aus, wie die bereits gelernten Drehübungen. Damit das Ganze aber noch etwas flüssiger wird, denn der reibungslose Bewegungsablauf macht auch Ihnen mehr Spaß, müssen wir uns angewöhnen, die volle Steuerfunktion unseres Segels zu nützen.

Prägen Sie sich den Wendevorgang folgendermaßen ein:

1. Sie fahren auf Halbwindkurs, Ihre Füße sind wie in der Grundstellung placiert.
2. Jetzt neigen Sie das Gabelbaumende zum Wasser.
3. Sobald das Gabelbaumende das Wasser berührt, ziehen Sie mit der Segelhand das Segel leicht dicht, und zwar so weit, bis der Gabelbaum das Heck Ihres Boards berührt.
4. Automatisch dreht sich nun der Bug Ihres Surfbrettes in den Wind, das Board luvt an.
5. Sie spüren, daß der Winddruck im Segel nachläßt, und in diesem Moment lassen Sie mit der Segelhand den Gabelbaum los und fassen an die Startschot. Gleichzeitig bringen Sie Ihren Körper mit einer Drehbewegung (2 kleine Schritte) vor den Mast.
6. Nun faßt auch die Masthand an die Startschot und Sie stehen mit gestreckten Armen vor dem Mast, der Rücken und der Bug Ihres Surfers zeigen zum Wind.
7. Wie Sie es bei den 360°-Drehungen schon geübt haben, versuchen Sie nun, durch Drücken des Segels gegen den Wind wieder die Startposition einzunehmen. Dabei flattert das Segel im rechten Winkel vom Board, Ihre Beinstellung ist korrigiert und Sie starten erneut.

Üben Sie nun dieses Wechseln der Windseite. Starten Sie kurz, neigen den Gabelbaum zum Wasser, wenden, wechseln dabei Ihre Position von der einen auf die andere Seite des Surfboards, nehmen die Grundstellung wieder ein und starten.

Wem das Mastrunden noch Schwierigkeiten bereitet, der konzentriert sich nochmals auf die 360°-Drehung. Achten Sie auch darauf, daß Ihre ersten Wenden nur mit kleinen Kontaktschritten ausgeführt werden. Zu Sprüngen und anderen Wendemöglichkeiten kommen wir noch in unserem Technikteil.

1

Wende mit Gabelbaumtechnik:
Phasenablauf (von links nach rechts)

1. Gabelbaum zum Wasser neigen.
2. Segelhand greift zur Startschot, Oberkörper schiebt sich vor den Mast.
3. Beide Beine stehen vor dem Mast und beide Hände halten die Startschot.
4. Man drückt das Segel zur neuen Mastquerab-Position.
5. Der neue Start wird eingeleitet.

3 4 5

1

2

3

4

5

6

7

8

9

10

Hier nochmals die einzelnen Phasen der Wende wie sie auf den nebenstehenden Abbildungen zu sehen sind:

1. Gabelbaumende zum Wasser neigen.
2. Board luvt an.
3. Oberkörper schiebt sich nach vorne in Richtung Bugspitze.
4. Dabei Segel leicht dichtholen.
5. Die Segelhand greift an die Startschot, dabei mit kleinen Schritten vor den Mast gehen (bei der Wende mit Masttechnik greift zuerst die Masthand an den Mast).
6. Rücken und Bugspitze zeigen in den Wind.
7. Durch Anlehnen des Segels an den Wind das Board weiterdrehen (bei der Wende mit Masttechnik kann dazu auch die Segelhand an den Mast greifen, um so in einer stabilen Position das Brett drehen zu können).
8. Dabei die Fußstellung korrigieren.
9. Der rechte Winkel zwischen Board und Segel ist erreicht und der neue Start beginnt.

Ausschlaggebend für einen guten Start ist die rechtwinkelige Position des Segels zur Boardlängsachse, die sogenannte *Mastquerab-Position (der Griff zum Mast wäre hier die modernere Technik).*

Die Halse

Sie ist die zweite Möglichkeit, mit der Sie Ihre Segelstellung wechseln und von der einen Windseite auf die andere gehen.

Die Halse wird von Seglern oft als gefährlich bezeichnet. Das hängt natürlich mit der begrenzten Möglichkeit eines normalen Segelbootes zusammen. Anders ist es beim Segelsurfer, bei dem die Halse, meisterlich ausgeführt, als ausgesprochen elegantes, vollkommen ungefährliches Manöver bezeichnet werden kann. Während man bei der Wende mit dem Brett anluven mußte, fällt man zur Halse ab. Sie wissen ja schon, abfallen heißt, den Mast nach vorne und Luv neigen. Der Ablauf sieht dann so aus:

1. Aus einem Halbwindkurs fallen Sie durch Strecken der Masthand in Richtung Vor-Luv ab.
2. Dazu holt die Segelhand unterstützend das Segel etwas dicht.
3. Neigen Sie nun Ihren Mast seitwärts Richtung Luv, das Board dreht dabei zügig aus dem Wind.
4. Während Sie die Fußstellung von seitlich nach hinter den Mast wechseln, greift die Segelhand an die Startschot.

8

7

6

5. Nehmen Sie nun auch die Masthand vom Gabelbaum und greifen mit ihr ebenfalls nach der Startschot.
6. Das Segel schwingt nun über den Bug von der einen auf die andere Seite.
7. Das *Anlehnen* des Segels an den Wind und damit das Erreichen der *Mastquerabposition* kennen Sie ja schon von den Drehübungen her.

1

2

3

4

5

Bei der hier gezeigten Halse greift zuerst die Masthand an die Startschot. Sie ist die Vorübung zur Schleuderhalse (Seite 92).

6

7

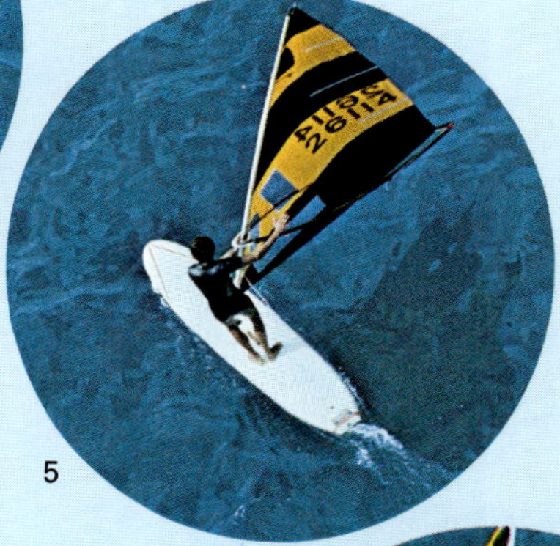

5

8

Bei der Schulhalse greift immer zuerst die Segelhand an die Startschot, im selben Moment schwingt das Segel vor zum Bug, man steht mit beiden Beinen hinter dem Mast und manövriert das Board zur neuen Mast-querab-Position, um den Start wieder einzuleiten.

4

1

3

2

Der Manöverkreis

Sie können nun Ihre Fertigkeit in einem zusammenhängenden Bewegungsablauf unter Beweis stellen. Nehmen Sie dazu die Grundstellung ein und achten darauf, daß möglichst im Umkreis von 50 bis 100 m niemand Ihre Übungen stört. Starten Sie nun und luven gleich darauf mit dem Board an. Jetzt folgt die Wende, das Runden des Mastes bis zur Grundstellung und ein neuer Start. Sofort darauf fallen Sie ab, halsen, vollziehen die Drehung bis zur Grundstellung und starten erneut. So gesteuert beschreibt Ihr Board ständig einen Kreis, den man Manöverkreis nennt, denn in ihm kommen alle wesentlichen Aktionen vor. Sie luven an, wenden, starten, fallen ab, halsen und starten wieder. Diese Übung können Sie nicht oft genug nach beiden Seiten wiederholen.
Im Grunde sind Sie nun reif, mit Wind und Wogen zu kämpfen, leise über glitzerndes Wasser zu gleiten oder gischtumspritzt die Naturgewalten herauszufordern. Schnell befällt Sie jetzt ein Bazillus, der Sie bei jeder Temperatur und Witterung aufs Wasser treibt. Sie werden wie Tausende vor Ihnen dem Surfrausch erliegen – ein Zustand, bei dem sich ein unglaubliches Gefühl von Freiheit Ihrer bemächtigt. Sie glauben, über sich selbst hinauszuwachsen. Kein See ist Ihnen zu groß, keine Entfernung zu weit.
Windsurfing ist im Grunde vollkommen ungefährlich. Trotzdem unterliegt der Verkehr auf dem Wasser, ähnlich der Straßenverkehrsordnung auf dem Lande, einem Gesetz, das Sie nicht nur kennen müssen, sondern natürlich auch beachten sollen. Beschäftigen Sie sich deshalb jetzt zu Ihrer eigenen und zur Sicherheit anderer aufmerksam mit dem Kapitel Gesetzeskunde.

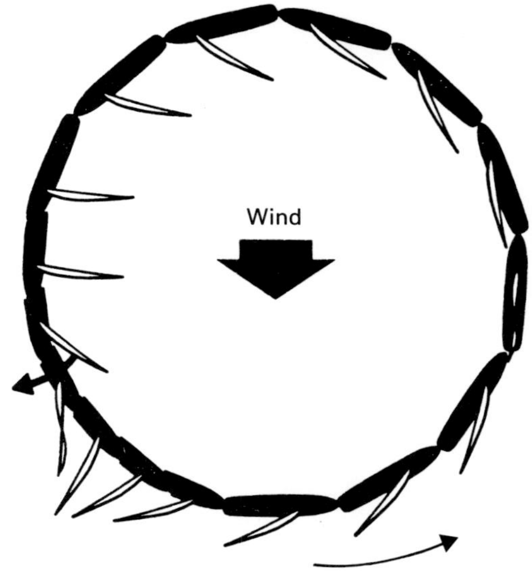

Der Manöverkreis ist ein zusammenhängender Ablauf von Start, Anluven, Wende, Abfallen, Halse, Anluven und neuem Start.

Gesetzeskunde

Wasser ist ein begrenztes Revier. Nur wenn alle, die sich dieses Revier teilen, aufeinander Rücksicht nehmen, bleiben unsere Seen und Küsten echte Erholungsgebiete. Besonders die Surfer, die dank ihrer unkomplizierten Sportart in großen Scharen die Wasserfläche bevölkern, sollten ihre Rechte und Pflichten genauestens kennen.

- Als Teilnehmer am Verkehr auf dem Wasser hat sich jeder Surfer so zu verhalten, daß kein anderer gefährdet, geschädigt oder mehr als nach Umständen unvermeidbar behindert oder belästigt wird.
- An Badeplätzen soll generell nicht gesurft werden. Aber auch außerhalb dieser beschilderten Zonen haben Surfer besonders auf Schwimmer zu achten.
- Schiffahrtslinien wie Berufs- und Linienschiffahrt sind zu meiden, ebenso wie Anker- und Anlegeplätze und natürlich Häfen und Hafeneinfahrten.
- Bei starkem ablandigen Wind sollte man wirklich nur als Könner aufs Wasser gehen, um Rettungsmaßnahmen von Wasserwacht und anderen Organisationen nicht herauszufordern.

Mastfußsicherung

Auf jeden Fall sollten Sie bei Ihren ersten Übungen auf dem Wasser, vor allen Dingen bei ablandigem Wind, auf ein wichtiges Ausrüstungsdetail Ihres Surfboards achten, nämlich das *Sicherheitsband.* Die meisten Bretter haben Mastfüße, die sich aus Sicherheitsgründen, vom Brett trennen, damit das Einklemmen von Armen und Beinen ausgeschaltet ist. Bei starkem Wind kann das aber dazu führen, daß sich Rigg und Board bei einem Sturz voneinander trennen, und ehe Sie sich versehen, schwimmen Sie neben Ihrem Segel, während das Board so schnell abtreibt, daß Sie es nicht mehr erreichen. Um das zu vermeiden, befestigt man eine Sicherheitsleine zwischen Rigg und Brett.

Wer hat Vorfahrt?

Ausweichregeln

Surfer haben die Ausweichregeln für Segelfahrzeuge zu beachten. Diese lauten:

1. Jedes Ausweichmanöver ist rechtzeitig, gut erkennbar und entschlossen auszuführen.
2. Die Vorfahrt darf nicht erzwungen werden. Beachtet ein ausweichpflichtiges Boot das Wegerecht nicht, so hat man selbst rechtzeitig auszuweichen.
3. Eine Jacht, ein Segelboot oder ein Windsurfer auf Backbordbug haben Vorfahrt vor einer Jacht, einem Segelboot oder einem Windsurfer auf Steuerbordbug.
4. Segeln zwei Boote auf gleichem Bug, so hat das Luvboot auszuweichen.
5. Überholende Boote haben sich freizuhalten.

Backbord – Steuerbord

Die grundlegende Regel auf dem Wasser heißt: Backbord vor Steuerbord. Damit Ihnen diese Unterscheidung leichterfällt, markieren Sie Ihren Gabelbaum farbig. In Fahrtrichtung gesehen umwickeln Sie die linke Gabel mit einem roten Band und die rechte Gabel mit einem grünen Band. Sie haben nun nur auf Ihre Farbkennzeichnung am Gabelbaum zu sehen, um zu wissen, ob Sie vorfahrtsberechtigt sind:

Rot keine Vorfahrt, Grün Vorfahrt.

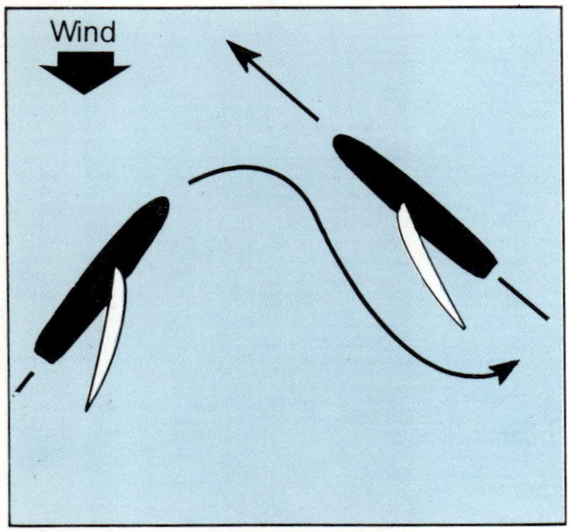

1. Backbord vor Steuerbord. Das Boot mit dem Segel in Fahrtrichtung gesehen rechts muß ausweichen.

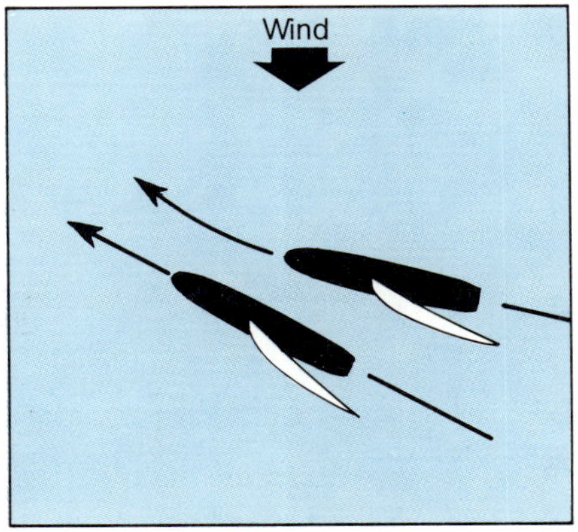

2. Lee vor Luv. Das luvseitige Boot muß ausweichen.

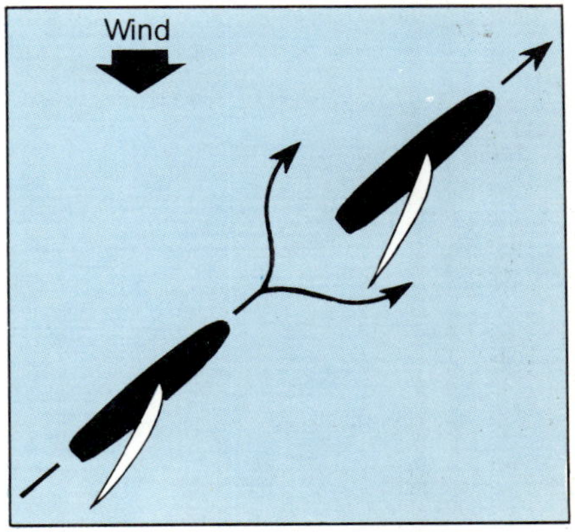

3. Achteraus freihalten. Das von hinten kommende Boot muß entweder nach Luv oder nach Lee ausweichen.

70

Das Wetter

Nach den ersten wackeligen Gehversuchen auf dem Board sollten wir nicht zu viel wagen, besonders was das Wetter betrifft. Vor allen Dingen müssen wir lernen, mit Sturm und auch mit Flaute fertigzuwerden. Gewöhnen Sie sich deshalb grundsätzlich an, während der Ausübung Ihres Sportes ständig einen wachen Blick auf das Wetter zu werfen. Wir alle wissen, daß sich bei einer Wetterverschlechterung meist dunkle Wolken zusammenhäufen, was für uns Alarmstufe 1 bedeutet. Beachten Sie vor allen Dingen *auflandigen* und *ablandigen Wind.* Während man bei auflandigem Wind noch einiges riskieren kann, da man sicher ist, immer wieder ans Ufer getrieben zu werden, sollte man den ablandigen Wind nicht unterschätzen. Dieser Wind ist schwerer einzukalkulieren und wird vom Ufer aus deshalb immer wieder als leicht bezwingbar eingeschätzt, weil man ihn an der Wellenbildung nicht so stark erkennen kann wie auflandigen Wind. Weiter draußen, wo er mit voller Kraft aufs Wasser prallt, bekommt man ihn zu spüren, dann ist es für Anfänger meist zu spät.

Unser Surfboard ist das ideale Rettungsgerät.

Merken Sie sich deshalb als wichtige Regel:

Im Notfall niemals das Surfboard verlassen.

Ein Surfboard kann nicht sinken. Sie können sich also getrost daraufsetzen oder -legen und im schlimmsten Fall auch treiben lassen.

Notsignal

Wenn Sie tatsächlich einmal in eine Notsituation kommen, aus der Sie sich selbst nicht befreien können, so setzen Sie sich möglichst aufrecht auf Ihr Brett und machen andere Wassersportteilnehmer dadurch auf sich aufmerksam, daß Sie die gestreckten Arme über dem Kopf heben und senken. Dies ist das internationale Signal für in Not geratene Surfer.

Ein deutliches Heben und Senken der Arme über dem Kopf ist das internationale Notsignal für Windsurfer.

Sicher das Ufer erreichen

Bei starkem Wind, dem Sie nicht mehr gewachsen sind oder aber bei Flaute, wenn Ihr Board also manövrierunfähig ist, wieder ans Ufer zu gelangen, geht folgendermaßen:

- Sie nehmen den Mast aus der Mastfußaussparung, öffnen die Trimmschot, den Vorliekstrecker und den Masttampen, ziehen den Mast aus dem Segel, falten dieses unter sich und legen den Gabelbaum auf das Brett. Nun paddeln Sie mit dem Mast kniend oder sitzend ans Ufer.

Diese Methode hat sich gut bewährt. Selbst bei starken Wellen und Wind erreicht man so wieder das Ufer.
Als Surfer kann man aber auch einen verunglückten Kollegen ans Ufer holen, indem man ihn mit seinem Brett abschleppt:

1. Der Abzuschleppende löst seine Trimmschot und rollt das Segel vom Unterliek her zum Mast auf, wo er es dann mit der Trimmschot anbindet. Der Gabelbaum wird dazu nur zum Mast geklappt.
2. Das so zusammengelegte Rigg wird längs auf das Board gepackt und der Surfer legt sich darauf.

Mit dem zusammengerollten Rigg erreicht man paddelnd das Ufer (kurze Strecken).

Mit dem Mast paddelnd kann man auch größere Entfernungen bewältigen.

Begehen Sie nicht den Fehler und hängen nun Ihren Sportsfreund bei sich hinten ans Brett. Sie würden so, wenn Sie gegen den Wind anzukreuzen hätten, kaum vorwärts kommen, aber stark seitlich abtreiben. Wesentlich besser geht es, wenn sich der Verunglückte in Luv mit seinem Brett an Ihrem Schwerttampen festhält. Ist er dazu nicht fähig, so lösen Sie seinen Vorliekstrecker und verknoten sein Schwertband mit dem Ihren, wobei Ihr Brett in Lee liegt. Versuchen Sie nun, mit möglichst langen Schlägen gegen den Wind anzukreuzen, denn nach jeder Wende müssen Sie wieder die Position in Lee einnehmen. Die zweite Möglichkeit für etwas Geübtere, bei sehr starkem Wind unter Segeln selbst vorwärts zu kommen, besteht darin, die Grundstellung einzunehmen, das Segel an der Startschot zu halten und das Gabelende im Wasser schleifen zu lassen. Sie kommen zwar so nicht gegen den Wind an, können aber auf Halbwindkurs lange Strecken mit relativ geringem Kraftaufwand zurücklegen.
Bleiben Sie in Notsituationen vor allem ruhig und verlieren Sie nicht den Kopf. Damit Sie aber gar nicht erst in Verlegenheit geraten, sollten Sie vor allen Dingen die Revierbesonderheiten beachten.
Das gilt ganz besonders am Meer. Erkundigen Sie sich bei Sportsfreunden, öffentlichen Stellen, Hafenmeistern, Segelclubs usw., worauf Sie zu achten haben. Es sind dies besonders Ebbe und Flut sowie Strömungen oder Besonderheiten des Windes. Unterschätzen Sie nie die momentane Wetterlage, sonst kann ein Surfausflug notgedrungen mit einem Paddeln zum Ufer enden. In diesem Zusammenhang sei nochmals auf die Bekleidung hingewiesen. Schützen Sie Ihren Körper auf jeden Fall mit ausreichender Neoprenbekleidung. Mit solchen Windsurfinganzügen können Sie es mehrere Stunden im Wasser bei normalen Temperaturen ohne Kräfteverlust durch Unterkühlung aushalten.

Ein Surfer wird immer so gerettet, daß der Abschleppende mit seinem Board in Lee surft.

Sturmwarnung

An den Seen und Küsten hat man ein Sturmwarnungssystem eingerichtet, das von allen Wassersportteilnehmern zu beachten ist. Normalerweise wird Sturm durch Blinkzeichen angezeigt. Dabei bedeutet eine lange Blinkfolge Vorwarnung und eine kurze Blinkfolge dringende Warnung, bei der Sie sofort das nächstliegende Ufer aufzusuchen haben.
Achtung! Zuwiderhandlungen können mit empfindlichen Geldstrafen geahndet werden.

Strecksprünge

Boxbewegung

Konditionstraining

Windsurfing beansprucht den ganzen Körper. Arme und Beine, Schultergürtel und Bauchmuskeln werden besonders eingesetzt. Insgesamt ist eine gute Allgemeinkondition notwendig, die man sich mit etwas Konsequenz und Zeitaufwand durch einige Übungen aneignen kann.

Für das Windsurfen unterteilen wir unser Konditionstraining in zwei Gruppen:

1. Gymnastik zum Warmmachen und Lockern.
2. Gymnastik zur Stärkung der Muskulatur und der Ausdauer.

In ungewohnter Haltung auf dem Brett zu stehen, knien, sitzen oder liegen, beansprucht die Kondition auf besondere Weise. Dieser spezifischen Belastung versuchen die nachfolgenden Übungen gerecht zu werden. Unser Training muß sich deshalb neben der Kräftigung der speziellen Muskulatur ausgiebig mit Übungen befassen, die der statischen Belastung von Muskeln und Muskelgruppen (Finger, Unterarme, Oberschenkel und Waden) gerecht werden.
Die häufigste Ermüdungserscheinung beim Windsurfen ist der Kräfteverlust in Fingern und Unterarmen.
Bei andauernder maximaler Leistung – z.B. in Regatten – sinkt die Gesamtkondition rasch ab, so daß selbst Bewegungsabläufe, die schon in Fleisch und Blut übergegangen sind, nur noch mühevoll ausgeführt werden können.
Genau wie Sie z.B. einen Motor »warmlaufen lassen«, müssen Sie Ihren Körper und seine Muskeln in Schwung bringen, bevor Sie sie belasten.

Aufwärmen und Lockerungsübungen

Vielleicht haben Sie schon einmal Ihr Brett vom Autodach abgeladen, um es dann über einige hundert Meter zum Ufer zu tragen, und schon haben Sie Ihre Unterarme deutlich »gespürt«. Wenn Sie sich dann noch ungeduldig aufs Wasser gestürzt haben, sind Sie nach 5 bis 10 Minuten wieder am Ufer gewesen, um Ihre angeschwollenen Unterarme zu massieren.

Deshalb sollten Sie, bevor Sie Ihr Brett zum Ufer tragen, mit Aufwärmübungen beginnen:

1. Auf der Stelle hüpfen, tief in die Hocke gehen, Strecksprung.
2. Mit den Armen Boxbewegungen ausführen und dabei die Hände ab-

Schnelles Armkreisen vor- und rückwärts

Langsam tiefgehen und wieder aufrichten

wechselnd zu Fäusten ballen und locker ausschütteln.
3. Schnelles Armkreisen, vorwärts und rückwärts im Wechsel (Blut schießt in die Hände).
4. Nach den einzelnen Übungen durch kurze Schläge mit dem Handrücken die Unterarmmuskulatur massieren.
5. Hängen Sie sich an einen Ast, an eine Stange, Türrahmen oder an einen anderen geeigneten Vorsprung, um kurzzeitig die Belastung »vorzufühlen«, die Sie auf dem Wasser erwartet. – Übertriebenes »Hängen« hat aber jetzt noch keinen Sinn, es geht ja erst einmal darum, den Körper aufzuwärmen.

Übungen zu zweit

1. Beide Partner stehen sich gegenüber, Hände an einem Besenstiel (Gabelbaum), geschlossene Füße. Hängen Sie sich nun gleichzeitig an den Stiel und gehen dabei in die Hocke.
   Anschließend stehen Sie beide gleichzeitig wieder auf.
2. Einer von beiden greift zwischen den Händen des Partners einen Besenstiel. Versuchen Sie nun, dem Gegner die Stange aus der Hand zu reißen.

Erst wenn Sie vollkommen warm sind (alles ist gut durchblutet), ziehen Sie Ihren Neoprenanzug an. Kommen Sie dabei ruhig etwas ins Schwitzen. Lieber etwas zu warm aufs Wasser gehen, als mit zittrigen Händen die Startschot hochholen und in verkrampfter Stellung losfahren. Natürlich sollten Sie nicht übertreiben und in total verschwitztem Zustand aufs Brett steigen.

Training vor Regatten und längeren Surftouren

Vor einem normalen Surf ist nur ein kurzes Aufwärmen von 3 bis 5 Minuten notwendig. Steht man dagegen vor mehreren Wettfahrten, bei denen man 1 bis 2 Stunden ohne große Unterbrechung auf dem Wasser zubringen muß, empfiehlt es sich, das Aufwärmen mit den nachfolgenden Übungen mindestens 10 bis 20 Minuten lang durchzuführen:

1. Aufwärmen wie bereits beschrieben.
2. Hockstand, wechselweise Strecken des einen Beines nach vorne und Hocken des anderen (Kosakentanz).
3. In gehockter Stellung vorwärts gehen und darauf weite Hocksprünge vorwärts ausführen.
4. Leichte Grätschstellung, Armkreisen rückwärts, vorwärts und dabei Rumpfbeugen vorwärts.

5. Sitz am Boden, Anziehen der Beine und aufstehen, ohne die Arme zu benützen, nach vorwärts wegsprinten.
6. Mehrere Liegestützen ausführen, evtl. in Pausen dazwischen an eine Stange oder Ähnliches hängen.

Die Übungen sollen mindestens eine halbe Stunde, bevor man aufs Wasser geht, ausgeführt werden. Sie können ohne weiteres bis zur geringen Ermüdung durchgeführt werden. Danach 10 Minuten ausruhen, vollkommen entspannen, tief durchatmen und dann erst den Neoprenanzug anziehen und sich aufs Wasser begeben.

Ständiges Konditions- und Krafttraining

In unseren Breitengraden ist Windsurfing ein Saisonsport. Der ideale Ausgleichssport dazu ist Skifahren und Langlaufen. Die Allgemeinkondition wird auch vorzüglich durch Radfahren und Waldlauf gestärkt. Darüber hinaus hat sich ein spezielles Training für das Windsurfen mit einem einfachen Gerät, das sich jeder selbst bauen kann, bewährt. Dieses Trainingsgerät besteht aus einem kurzen, runden Stück Holz, das ca. 30 cm lang und möglichst so dick wie der Gabelbaum ist. Dazu kommt eine ca. 1,50 m lange Schnur sowie ein

Kosakentanz

Hocksprünge

Liegestütz

Armkreisen mit Rumpfbeugen vorwärts

kleiner Sandsack, der mit 1–2 kg Sand gefüllt werden kann. Die Übung besteht nun darin, den Sandsack (zu Anfang nur mit höchstens 1 kg gefüllt), der mit der Schnur in der Mitte des Holzstabs befestigt ist, durch Aufrollen der Schnur bei gestreckten Armen hochzuheben. Zu Beginn läßt man die Schnur noch über eine Türklinke laufen, so daß die Kraft ähnlich wie beim Surfen horizontal auf die Arme wirkt. Später hebt man bei ausgestreckten Armen den Sandsack direkt vom Boden aus hoch.

Diese Übung verfolgt einen doppelten Zweck: Zum einen stärkt man die Arm- und vor allem die Schultermuskulatur, zum anderen erfordert das Drehen des Holzstabes den richtigen, rutschfesten Griff.

Wie in dem Kapitel über die verschiedenen Griffe (s. S. 102) beschrieben, geht es darum, den Gabelbaum nicht statisch fest, sondern ständig beweglich zu greifen. Je länger Sie also Ihre Hand um den Gabelbaum fest geschlossen halten, desto mehr setzt ein Blutstau im Unterarm ein, da der starke Griff zur Verkrampfung der Muskulatur führt.

Speziell für die Hand- und Unterarmmuskulatur gibt es im Handel ein Trainingsgerät aus zwei Plastikteilen, die mit einer Stahlfeder verbunden sind. Denselben Zweck erfüllt aber auch ein Tennisball. Der Ball oder das Gerät wird etwa 6 Sekunden lang zusammengepreßt und wieder losgelassen. Danach spreizt man die Hand kurz. Das Ganze wird ca. 10 Minuten lang wiederholt. Es ist ganz erstaunlich, welchen Kraftzuwachs man nach zweimonatigem Training (täglich ca. zweimal 10 Minuten) erzielen kann.

Besonders an kälteren Tagen oder im Frühjahr bei dem noch kühlen Wasser sollte man unbedingt darauf achten, gut vorgewärmt, evtl. eingeölt und mit ausreichendem Kälteschutz (Neopren) versorgt auf das Wasser zu gehen. Während man zu Anfang noch diverses Konditionstraining nötig hat, um den Krämpfen und dem Kraftverlust in Armen und Beinen vorzubeugen, kann man sich später als Fortgeschrittener lediglich mit den Übungen für das Aufwärmen des Körpers begnügen. Durch das ständige Surfen an der frischen Luft erhält man eine derartig gute Allgemeinkondition, daß man vom Surfen selbst als Ausgleichs- und Konditionstraining für andere Sportarten sprechen kann.

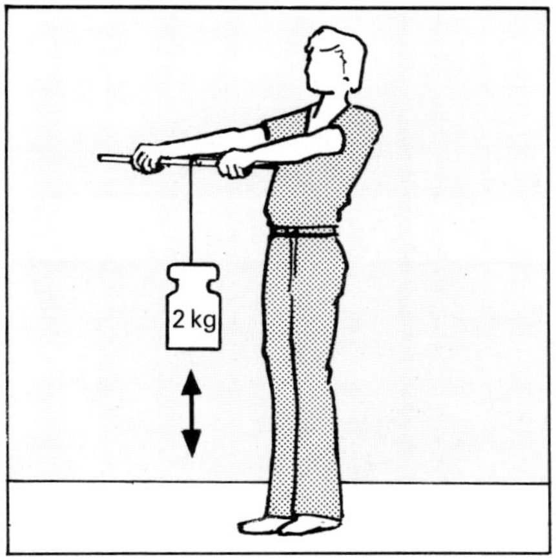

Oben: Mit diesem einfachen Trainingsgerät stärkt man enorm die Armmuskulatur.

Mitte: Zu Anfang zieht man das Gewicht über eine Türklinke, so daß der Zug auf die Arme horizontal wirkt.

Unten: Mit diesem Druckgerät (im Handel erhältlich) stärkt man ebenfalls die Fingermuskulatur.

Das Board

Auf den nebenstehenden Abbildungen finden wir einige klassische Surfboardformen, wie sie heute Verwendung finden. Die Abbildung 1 ist eine Form, die etwas vom Original-Windsurfer abgewandelt ist. Eine mehr oder weniger breite Bugspitze verläuft in einer harmonischen Rundung zu einem relativ schmalen Heck. Schwertkasten und Mastfußaussparungen sitzen mittig dicht zusammen. Die Bugspitze ist ca. 20–25 cm aufgebogen, das Unterwasserschiff leicht verrundet, das Volumen liegt bei ca. 200–220 Liter Rauminhalt. Das gezeigte Brett hat sehr gute Allroundeigenschaften, leider aber für schwergewichtige Surfer ab 80 kg zu wenig Volumen. Es ist sehr schnell im oberen Windbereich, einfach zu steuern, jedoch schwer zum Abfallen zu bringen, da die Mastfußaussparung sehr dicht an der Schwertvorderkante sitzt. Wie wir später sehen werden, ist hauptsächlich bei Hochgeschwindigkeitsbrettern der Mastfuß ziemlich weit vorne plaziert, was dann ein harmonisches und schnelles Abfallen z. B. beim Brandungssurfen gewährleistet. Diese Boardform entspricht der Mehrzahl der in Europa gebauten Bretter.
Die Abbildung 2 zeigt uns ein Segel-

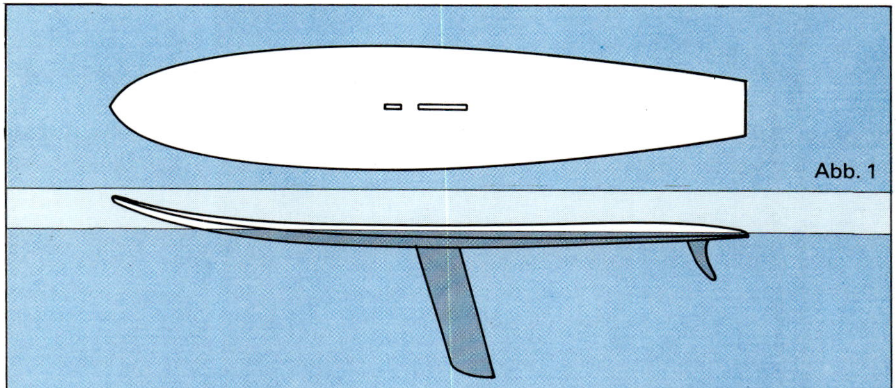
Abb. 1

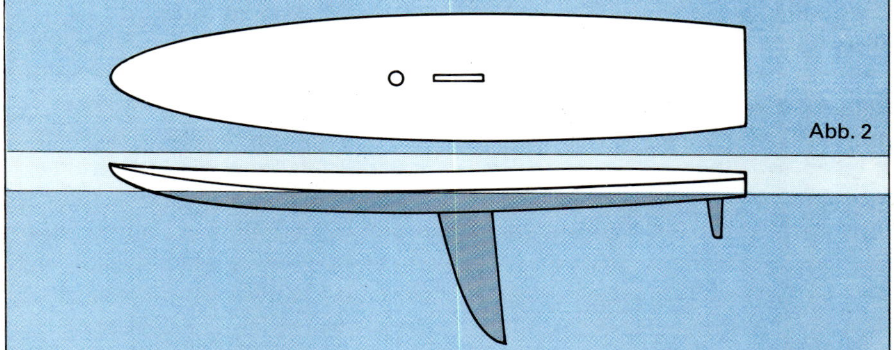
Abb. 2

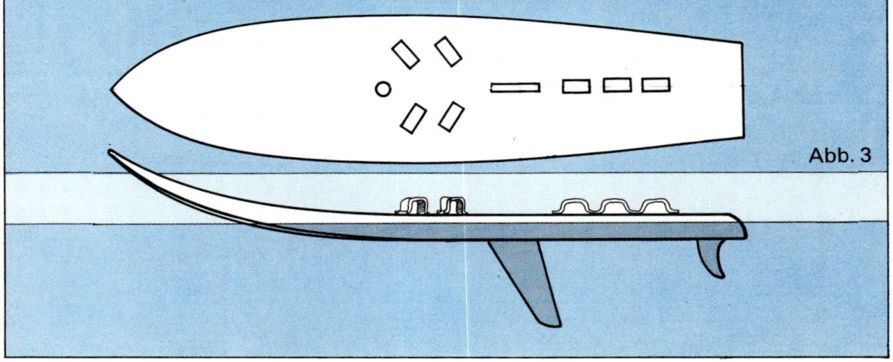
Abb. 3

Abb. 4

brett, das erst vor kurzem seinen siegreichen Einzug bei den »offenen Klassen-Regatten« gehalten hat. Dieses Board hat wesentlich mehr Auftrieb, nämlich 260-300 Liter und seine Form ist Segelbooten nachempfunden. Ein stark ausgeprägter Kiel verläuft in ein rundes Unterwasserschiff, welches in einem mehr oder weniger scharf ausgebildeten Heck endet. Das Unterwasserschiff ist in seiner Länge leicht verrundet und hinten auch etwas hochgezogen, um ein günstiges Strömungsverhalten im unteren Windbereich herbeizuführen. Diese *Verdränger-Typen* sind deshalb ausgesprochen schnelle Segelbretter bei unteren und mittleren Winden, weil sie eine geringe benetzte Fläche haben; d. h. das Wasser spült kaum über die mittlere seitliche Boardkante nach oben, sondern bleibt immer am strömungsgünstigen Unterwasserschiff. In der Draufsicht bemerkt man eine schmälere Bugspitze (dafür ist sie dicker und bringt dann ebensoviel Volumen wie die breiten Bugspitzen), dafür aber ein breit ausgebildetes Heck, welches für gute Gleiteigenschaften sorgen soll.

Die Abbildung 3 zeigt uns nun ein spezielles Wellen-Sprungbrett, es ist gekennzeichnet durch einen absolut geraden Gleitboden, durch eine stark aufgebogene Bugspitze, weit nach vorne versetzte Mastfußaussparung und auch durch ein zurückversetztes kleines Schwert. Natürlich dürfen auf so einem Brett auch Fußschlaufen nicht fehlen; dazu aber dann mehr im Kapitel über das Brandungssurfen (s. S. 134). Auch dieser Brettyp hat ein breites Heck sowie eine breite Bugspitze, die dünn ausgebildet für genügend Auftrieb sorgt und natürlich das Unterschneiden verhindern soll, wenn man ins Wellental hinabschießt.

Die Abbildung 4 zeigt ein kurzes Wellenbrett, welches sich immer größerer Beliebtheit hauptsächlich an europäischen Küsten erfreut, wo es kurze steilbrechende Wellen gibt. Dieses Surfbrett, kaum 3,30 m lang und ca. 60–70 cm breit, aus leichten Baumaterialien hergestellt (15–18 kg), läßt sich einerseits in der Brandung hervorragend steuern andererseits aber kann man mit einem so geformten Board auch bei flachem Wasser mit entsprechend starkem Wind regelrecht in die Luft springen (s. S. 141).

Die Bugspitze ist nicht übermäßig breit, dafür aber kräftig nach oben gezogen; das ganze Board ist seitlich leicht verrundet und läuft dann fast gerade in ein sehr breites Heck aus. Der Boardkörper selbst ist zwischen 12 und 18 cm dick, um damit auch noch genügend Volumen für schwere Surfer aufzubringen. Natürlich fehlen auch auf diesem Board die Fußschlaufen nicht, diese sind bis ans Ende zurück versetzt, um dadurch, wie wir später noch sehen werden, die spektakulären Luftsprünge ausführen zu können.

Die Finne und ihre Funktion

Wir haben schon gehört, daß die Finne für das richtungsstabile Fahren des Boards verantwortlich ist. Es kann aber auch ausgesprochen interessant sein (z. B. Hot-Dog-Surfing), mit gekürzter oder überhaupt ohne Heckflosse zu surfen. Da sich die Boardhersteller darauf noch nicht eingestellt haben (nur wenige Hersteller bieten Bretter mit abklappbarer Finne), lohnt es sich, selbst zu experimentieren. Für das Hochgeschwindigkeitssurfen empfiehlt sich eine sehr lange, schmale Finne, wie sie auch die Wellenreiter benützen. Ein »drehfreudiges« Brett erhält man dann, wenn man die Finne abschneidet bzw. länglich am Brett anbringt, wie dies beim Windglider der Fall ist. Einen Kompromiß zwischen beidem stellt die Windsurferfinne dar.

Beim Surfen mit herausgezogenem Schwert wird dieses am Arm getragen.

Verschiedene Schwerter

Normale Serienbretter sind meistens mit einem Schwert ausgerüstet, welches zwischen 50 und 70 cm Länge ideal bei Mittelwinden zum Aufkreuzen dient. Aber schon ab 4 Windstärken kann man mit einem solchen Schwert Probleme bekommen. Das Board bäumt sich auf und ist nur noch schwer zu kontrollieren, hauptsächlich auf Raumschotstrecken. Die Verwendung eines kurzen Sturmschwertes ist jetzt angezeigt (siehe Abb. rechts). Solche Schwerter verwendet man auch in der Brandung und beim Wellenspringen. Sie haben noch genügend Fläche, um damit kreuzen zu können, stören das Brett aber nicht in den rasanten Gleitphasen.

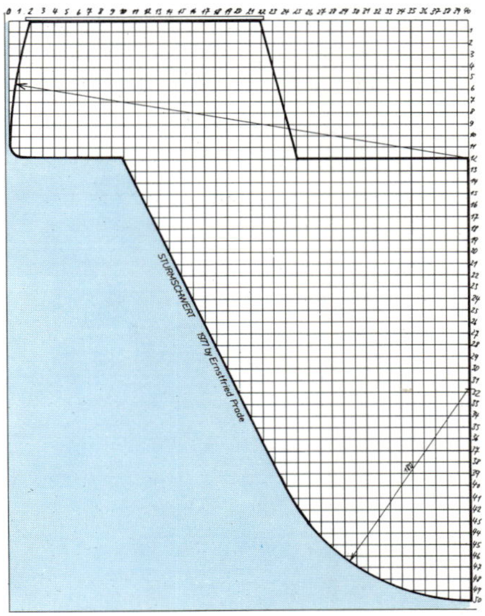

Das Sturmschwert wird besonders in der Brandung und bei sehr starkem Wind verwendet. Nach dieser Zeichnung (Raster ist gleich 1 cm) kann man sich in wenigen Stunden selbst ein Sturmschwert anfertigen.

26114
26189
26112

Das Segel

Segeltuch

Fast alle Tücher, die heute für Windsurfingsegel verwendet werden, zeichnen sich durch ausgezeichnete Haltbarkeit aus. Je nach Hersteller wird im allgemeinen ein Tuch zwischen 135 und 155 g/m², bei Sturmsegeln bis zu 180 g/m² verwendet. Die schonende Behandlung des Windsurfingsegels macht sich bezahlt. Man sollte z. B. nie das feuchte Tuch einfach zusammenpacken und in den Segelsack stecken. Am besten läßt man es am Mast kurz trocknen, zieht die Spreizlatten aus den Taschen und rollt es anschließend um den Mast. Für kleinere Reparaturen besorgt man sich bei einem Segelmacher Kunststoffgarn oder aber man läßt geringfügige Schäden möglichst gleich beim Segelmacher beheben. Besonders die Spreizlattentaschen sowie die Ösen an Schothorn und Vorliek sind gefährdete Stellen.

Der Segelschnitt

Die einzig effektive Trimmöglichkeit des Segels ist durch die Trimmschot gegeben. Mit ihr spannt man das Segel flach oder stellt es bauchig ein. Im allgemeinen ist ein Windsurfsegel so geschnitten, daß es beim Spannen mit der Trimmschot einen Zug auf Achter- und Unterliek erhält, der den Mast krümmt. Die Krümmung des Mastes wiederum hat zur Folge, daß der sphärisch eingeschnittene Bauch im Segel flachgezogen wird. Wer sein Segel ständig bei starkem Wind verwendet, sollte sich bei einem Segelmacher folgende Änderungen »einschneidern« lassen:

- Am Kopf des Segels wird die Verstärkungseinlage um den Mast herumgezogen, so daß die Spannung des Achterlieks auf eine größere Fläche verteilt wird und nicht nur auf einen Punkt an der Mastspitze zusammenläuft.
- Das Schothorn verstärkt man wesentlich durch entsprechende Einlagen, hauptsächlich zum Achterliek hinführend.
- Neben dem Vorliekstrecker wird noch ein Unterliekstrecker angebracht, der den Vorliekstrecker unterstützt und gleichzeitig das Segel auf einer breiteren Fläche hinter dem Mast spannt.
- Auch sollten Starkwindsurfer genügend große Fenster verwenden. Ein Vorschlag wäre, im Bahnenverlauf die Fenster weiter nach hinten zu ziehen und das unterste Fenster möglichst bis ans Unterliek einzusetzen.

Der Segelkopf wird verstärkt, evtl. um die Masttasche herum.

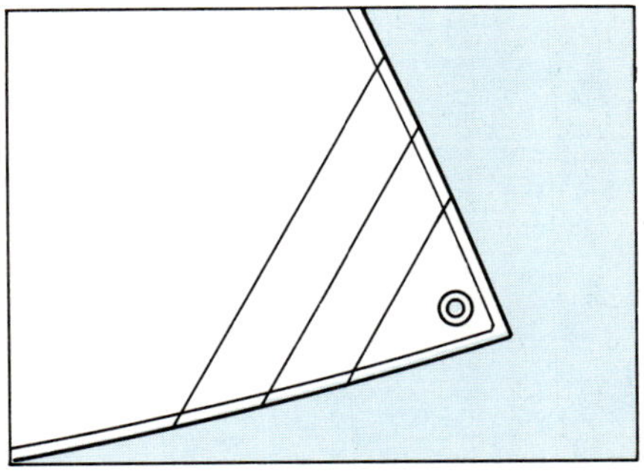
Das Schothorn wird durch entsprechende Einlagen verstärkt, so daß es steif wird.

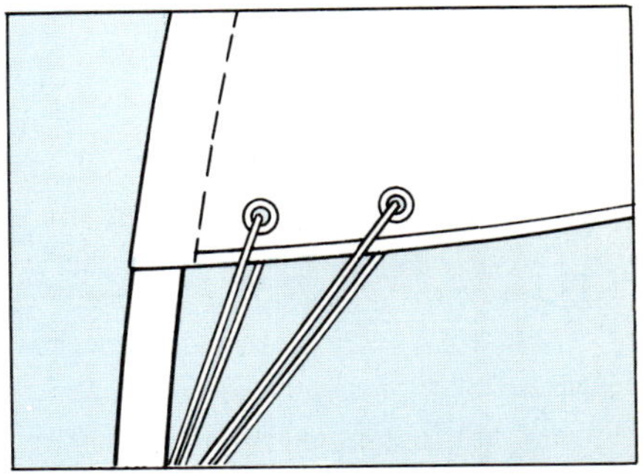
Neben dem Vorliekstrecker wird noch ein Unterliekstrecker angebracht, der das Segel straff nach unten spannt.

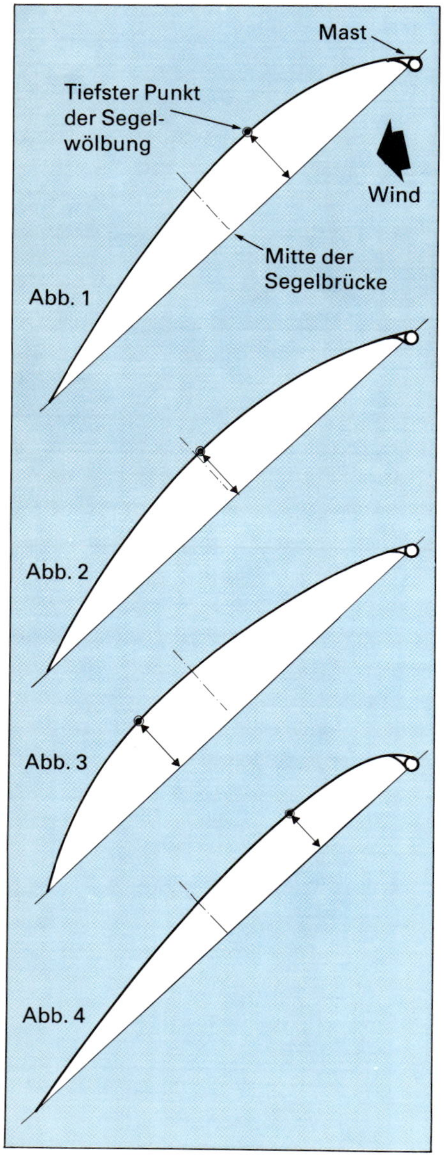

Ein bauchig getrimmtes Segel

Ein flach getrimmtes Segel

Segeltrimm

Die Regel, bauchiges Segel für wenig Wind, flaches Segel für Starkwind, ist uns schon bekannt. Versuche haben gezeigt, daß bauchige Segel auch bei viel Wind noch gut zu fahren sind, sofern der Bauch an der richtigen Stelle sitzt. Sobald nämlich stärkerer Wind in das Segel einfällt, und sich der Mast biegt, verschiebt sich bei ungünstigem Segelschnitt der Bauch so weit zum Achterliek, daß ein nachteiliges Verhältnis zwischen Vortrieb und Querkraft entsteht. Die nebenstehende Abbildung 1 zeigt uns ein bauchig geschnittenes Segel, bei dem der tiefste Punkt der Segelwölbung zwischen dem ersten Drittel und der Mitte der Segelbreite liegt. Allroundsegel haben den tiefsten Punkt der Segelwölbung meist kurz vor der Mitte eingeschnitten (Abb. 2). Bei stark einfallenden Böen biegt sich nun der Mast nach hinten, was auch den tiefsten Punkt der Segelwölbung zurück wandern läßt (Abb. 3). Gerade das soll aber verhindert werden. Man verwendet deshalb bei starkem Wind sogenannte Komfortsegel, sie sind zwar nicht so schnell, aber ausgezeichnet in der Handhabung. Bei ihnen sitzt der tiefste Punkt der Segelwölbung im ersten Drittel hinter dem Mast (Abb. 4).

Nur Fliegen ist schöner

Während sich ein Segelfahrzeug mit feststehendem Mast gezwungenermaßen immer nach Lee neigt, ziehen Surfer ihr Segel ganz bewußt nach Luv, um eine Tragflächenfunktion zu erreichen. Sobald man den Mast über sich nimmt und sich gegen den Wind an den Gabelbaum hängt, erzeugt das Segel nicht nur Vortrieb, sondern auch Auftrieb. Dieser Auftrieb ist gerade für schwergewichtige Surfer von großem Vorteil. Bei starkem Wind richtig ausgenutzt, wird das Körpergewicht reduziert und im Idealfall eliminiert.

Windsurfing-Flugtechnik ist eigentlich ganz einfach. Am besten geht man hart am Wind tief in die Hocke, fiert mit der Segelhand etwas das Segel und zieht gleichzeitig die Masthand über sich, man kippt also den Mast nach Luv. Je stärker nun die Windkraft ist, desto mehr kann man sich an den Gabelbaum hängen. Leichtgewichte surfen so mit fast gestrecktem Körper flach über dem Wasser liegend. Wie in allen anderen Fahrstellungen auch, ist die Funktion der Segelhand ausschlaggebend, so daß das Gleichgewicht zwischen Windkraft und Körper gehalten werden kann. Sobald nach einer Böe der Winddruck nachläßt, holt man entweder dicht oder aber versucht blitzschnell, seinen Körper wieder über

Die Flugtechnik ist Ausgangspunkt für Head- und Bodydip.

Das Segel nach Luv geneigt trägt den Surfer und vermindert dadurch das Gesamtgewicht im Wasser.

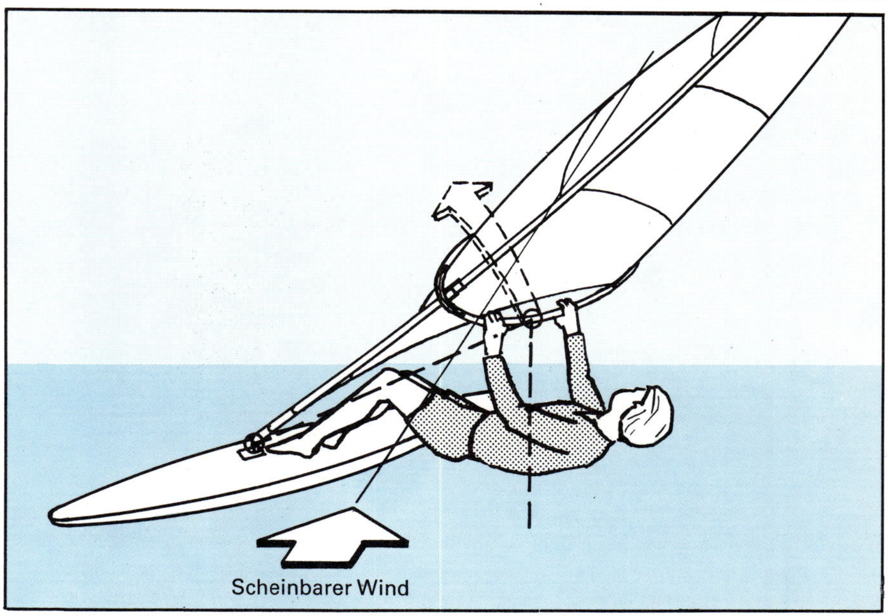

Mit dem Knieschub bringen schwergewichtige Surfer blitzschnell ihr Körpergewicht auf die Brettlängsachse, so daß sie seitlich nicht ins Wasser fallen.

das Brett zu bringen, am besten durch den *Knieschub.* Dabei schiebt man die Knie unter dem Unterliek durch, so daß der Schwerpunkt des Körpers über dem Brett pendelt.

Sturmsegel

Ab 5–6 Windstärken hat es wenig Sinn, sich mit einem Normalsegel (5,6 qm) herumzuplagen. Für diese Bedingungen sind *Sturmsegel* entwickelt worden. Sie haben zwischen 3 und 4,5 qm, sind also kleiner und damit wesentlich einfacher zu fahren. Am besten hat sich ein Segelschnitt ähnlich dem einer Genuafock bewährt. Bei diesem Sturmsegel wandert der Segeldruckpunkt nicht zu weit nach unten, wie dies bei Sturmsegeln der Fall ist, die nur bis $^2/_3$ der Mastlänge reichen. Außerdem entsteht eine selbsttätig regulierte Spannung am Achterliek. Dieses Segel hat keine Spreizlatten und ist selbst bei stärkstem Wind noch mit wenig Kraftaufwand gut zu fahren. Eigentlich ist es auch klar, daß dieses Segel mit zunehmender Windkraft, im allgemeinen schon ab 5 Beaufort, besser arbeitet als das 5,6 qm Segel, denn es hat kein killendes Achterliek, das störende Querkräfte verursacht. Man surft also mit weniger Kraft schneller. Dies trifft natürlich nur auf Kurse am Wind zu.

Die drei Segelgrößen, rechts das Regattasegel 5,6 qm, in der Mitte ein 4,5 qm Allroundsegel und links ein kleines Sturmsegel von 3,5 qm auch für die Anfängerschulung.

Leichtwettersegel

Verschiedene Hersteller bieten auch ein *Leichtwettersegel* mit ca. 7 qm Segelfläche an. Dazu benötigt man eine Mastverlängerung, die zwischen dem unteren Ende des Mastes und dem Mastfuß eingesetzt wird. Leichtwettersegel sind all denen zu empfehlen, die es ständig nur mit leichten Winden zu tun haben. Sobald man sich mit diesem Segel der 4–5 Beaufortgrenze nähert, riskiert man nicht nur einen Mastbruch, sondern ist gezwungenermaßen mehr am Fieren als am eigentlichen Segeln.

Der Starkwindstart

Eine der schwierigsten Phasen des Starkwindsurfens ist der Start. Das Board muß bei extremen Windverhältnissen vom »Stillstand« in »Fahrt« gebracht werden. Dieses Starkwindstarten setzt gutes Balancegefühl, vor allem die Einhaltung eines präzisen Bewegungsablaufes, voraus. Erinnern wir uns an das erste »Kräftemessen« mit dem Wind an Land. Bei dieser Übung spielt die Segelhand die entscheidende Rolle. Sie fiert überschüssigen Wind und kontrolliert so die Balance zwischen eigenem Körpergewicht und dem Winddruck im Segel. Beim Starkwindstart kommt es darauf an, sich vom Wind nur so viel zu »nehmen«, wie man mit dem Körper und seinem Gewicht dagegensetzen kann. Dieses Quantum Wind, das bei jedem je nach Körpergewicht und Kraft verschieden ist, holt man sich mit der Segelhand. D.h., das Segel wird aus einer flatternden Position im Wind dichtgeholt. Wir wissen schon vom normalen Starten her, daß die Lage des Brettes zum Segel entscheidend für den Erfolg des Startes ist. Auch beim Starkwindstart muß ein genauer Winkel zwischen Segel und Surfboard eingehalten werden.

Und so klappt es am besten:

1. Nehmen Sie die Grundstellung ein.
2. Durch Drücken an der Startschot fallen Sie etwas ab, d.h. Sie drükken Ihr Board bei killendem Segel auf Raumschotkurs, das Segel flattert nun in der Nähe der Bugspitze.
3. Jetzt greift wie gewohnt die Masthand an den Gabelbaum und zieht diesen am Oberkörper vorbei schräg hinter nach Luv, so daß das Gabelbaumende in die Luft zeigt. Dabei dreht sich der Oberkörper in Fahrtrichtung.
4. Während des Mastneigens achtet man peinlich darauf, daß das Board nicht anluvt, sondern den beschriebenen Raumschotwinkel zum Segel beibehält.
5. Nun greift die Segelhand vorsichtig an den Gabelbaum.
6. Während Sie leicht in die Hocke gehen, holt die Segelhand dicht, wobei das Board sofort auf Halbwindkurs anluvt.
7. Sie nehmen jetzt Fahrt auf, und je schneller Sie werden, desto mehr läßt der Winddruck im Segel nach. Das nützen Sie, indem Sie mit der Segelhand noch dichter holen.
8. Sobald Sie das Boot auf rasantem Halbwindkurs gut unter Kontrolle haben, wagen Sie es, weiter abzufallen. Einem Hochbäumen und seitlichem Ausbrechen wird durch Gewichtsverlagerung seitlich und nach vorne begegnet.

5

4

3

2

1

Haben Sie nach dem Starkwindstart hauptsächlich vor, auf Raumschotkurs zu gehen, so nehmen Sie von vornherein Ihr Schwert hoch. Es erleichtert nicht nur das »Losfahren«, sondern vermeidet, wie wir ja wissen, das »Aufbäumen« des Boards. Auch das unmittelbare Tiefgehen mit dem Körper in der Phase, in der die Segelhand das Segel dichtholt, erleichtert den Start vor allen Dingen deshalb, weil man durch ein Tief- bzw. Zurücklegen des Körpers das Board entlastet und den Winddruck im Segel schneller über den Mastfuß auf das Brett leitet, wodurch das Board im wahrsten Sinne des Wortes losschießt.
Bis jetzt sprach man beim Starkwindstart immer von einem beherzten Manöver, das möglichst schnell und unter Aufwendung der ganzen Kraft erfolgen soll. Versuchen Sie genau das Gegenteil. Verweilen Sie möglichst lange mit killendem, nach Luv geneigtem Segel und kontrollieren Sie so Ihr Board. Holen Sie dabei immer wieder mit der Segelhand eine Handbreit dicht und nehmen Sie so Fahrt auf. Sie werden bemerken, daß das ohne Kraft möglich ist.

Beim Starkwindstart ist die Ausgangsposition nicht die Mast-querab-Stellung, sondern das Segel weht in der Nähe der Bugspitze, wie in linksstehender Bildserie auf dem zweiten Bild zu sehen.

Merken Sie sich:

Der Starkwindstart sollte Schritt für Schritt, langsam und kontrolliert erfolgen.

Die wichtigste Voraussetzung:

Das Board steht auf Halbwind- bis Raumschotkurs und der Mast ist stark (45°) nach Luv geneigt.

Noch eine Anmerkung zur Beinstellung:
Wie Sie der Tabelle der Beinstellungen entnehmen (s. S. 96), sind diese bei starkem Wind meist versetzt; fast immer aber steht auf Am-Wind-, Halbwind- und auf Raumschotkursen der vordere Fuß neben oder sogar vor dem Mast. Für den Starkwindstart empfiehlt es sich auf alle Fälle, den vorderen Fuß unter 45° zumindest neben, besser aber noch ca. 10 cm vor dem Mast zu placieren. Sobald nämlich der Winddruck im Segel zunimmt, leitet man diese Kraft hauptsächlich über den vorderen Fuß auf das Board und drückt so den Bug des Surfers, der ständig das Bestreben hat anzuluven, aus dem Wind auf stabilen Kurs.

Der Wasserstart

Längst ist der Wasserstart in das feste Repertoire der Windsurfing-Technik aufgenommen. Wer ihn noch nie versucht hat, ist noch weit davon entfernt, echten Windsurfingspaß zu kennen. Vor allem in der harten Regatta wird dieser Spaß zur Notwendigkeit, wenn es darum geht, nach einem Luvsturz möglichst wenig Zeit zu verlieren.
Sie fahren auf raumem Kurs oder höchstens mit halbem Wind. Ihr Körper streift dabei schon leicht das Wasser. Voraussetzung dafür sind natürlich, je nach Körpergewicht, 4–5 Windstärken. Sie fieren jetzt leicht Ihr Segel. Lassen Sie nun Ihren Körper immer weiter ins Wasser gleiten und bremsen damit die Fahrtgeschwindigkeit ab. Das geht so weit, bis nur noch Kopf und Arme aus dem Wasser herausragen. Die Füße müssen dabei am Brettrand bleiben. Bei diesem Manöver läßt der Winddruck durch die starke Luv-Neigung merklich nach. Achten Sie aber unbedingt darauf, daß das Segel keine Wasserberührung bekommt, da Sie es sonst kaum wieder hochdrücken können. Nun beugen Sie die vorher gestreckten Beine so weit, daß Ihr Hinterteil fast den Brettrand berührt. Sie machen sozusagen eine Kniebeuge unter Wasser. Nun holen Sie so weit

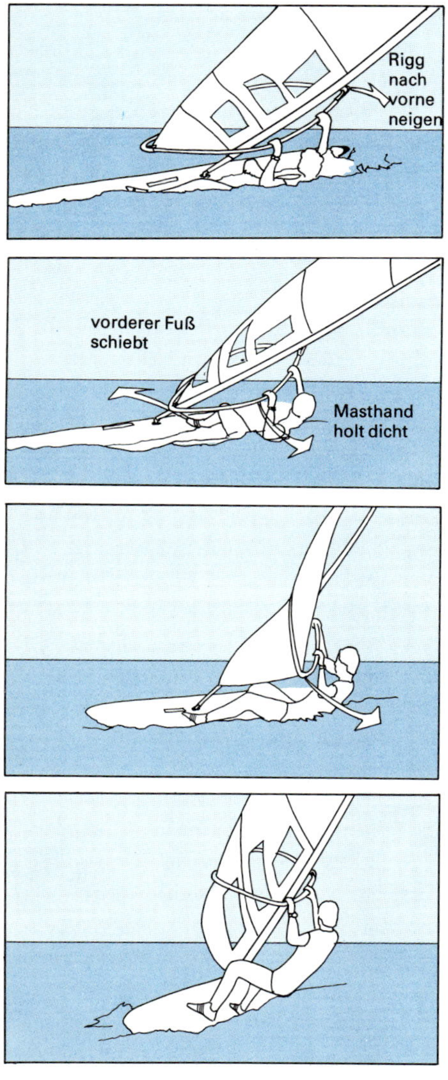

Der Wasserstart gelingt nur dann, wenn der vordere Fuß das Board aus dem Wind drückt, während die Segelhand dichtholt.

wie möglich mit der Segelhand den Gabelbaum dicht; dabei wird Ihr Körper schon leicht angehoben. Versuchen Sie zuerst die Knie über das Brett zu bringen und dann den Körper nachzuziehen. Sie können sich dabei auch kurz auf das Brett knien. Wenn Sie einmal mit Ihrem Schwerpunkt über dem Brettrand sind, macht es kaum noch Mühe, sich ganz aufzurichten.

Wasserstart für Könner

Etwas schwieriger wird das Ganze, wenn man nicht in die Hocke geht, um den Wasserstart auszuführen, sondern sich plötzlich ins Wasser klatschen läßt. Die Beine bleiben dabei gespreizt und fast gestreckt am Brettrand. Das Segel muß dabei ständig mit der Segelhand kontrolliert und so angestellt werden, daß es immer »gefüllt« bleibt. Wenn nun die nächste Bö einsetzt, hält man sich am Gabelbaum fest (ein bißchen Kraft kostet das schon) und läßt sich alleine vom Winddruck hochreißen. Dabei muß der vordere Fuß das Brett immer in Fahrtrichtung drücken. Diese Übung ist natürlich eher für Leichtgewichte gedacht.

Was beim Wasserstart passiert

Sie sollten beim Wasserstart besonders aufpassen, daß das Brett nicht anluvt. Sobald der Wind einmal von vorne auf das Segel einfällt, drückt er es aufs Wasser und dann gibt es kein Hochkommen mehr.
Wenn Sie den Wasserstart bewußt herbeiführen und dabei mit zu hoher Geschwindigkeit ins Wasser gleiten, kann es passieren, daß Ihnen die Füße vom Brettrand weggerissen werden. Da man nun überhaupt keinen Halt mehr hat, fällt das Segel meist ins Wasser und man muß wie früher auf das Brett klettern. Versuchen Sie aber trotzdem einmal, schwimmend das Segel hochzuhalten und dabei die Füße wieder auf die Boardkante zu bringen, denn mit viel Übung und etwas Geduld kann das auch gelingen, und dann starten Sie aus dem Wasser wie oben beschrieben. Wenn Sie zu weit außen an der Boardkante stehen bleiben, kann es passieren, daß das Brett beim Hochziehen nach Lee kentert; versuchen Sie deshalb gleich wieder in die Boardmitte zu kommen. Der Wasserstart ist also keineswegs eine akrobatische Leistung wie so manches Freestyle-Kunststück, vielmehr sollte er zum festen Repertoire eines alle Möglichkeiten ausschöpfenden Surfers gehören. Damit kann der Wasserstart dem Surfer im Wettkampf wertvolle Zeit ersparen und außerdem nach einem Sturz nach Luv vom unschönen Abgang zum spektakulären Wiederanfang werden.

26189

Während des Beach-Starts stemmt sich der vordere Fuß gegen den Mastfuß.

Der Beach-Start

Wer meint, er müsse sein Brett immer bis ins knietiefe Wasser tragen, der soll an einem langgezogenen Sandstrand den Start direkt vom Ufer aus versuchen, den Beach-Start. Dieser Windsurfing-Spaß kann überall dort durchgeführt werden, wo ein etwas abfallender Sandstrand vorhanden ist. Das Schwert hängt man über den Arm oder läßt es gänzlich am Ufer, die Finne wird abgeschraubt oder, sofern möglich, nach hinten geklappt. Man stellt sich nun genau wie bei einem Starkwindstart auf, das Board steht dabei auf Raumschotkurs. Der Beach-Start kann demnach nur bei einer ganz bestimmten Windrichtung, nämlich parallel zur Küste bis leicht ablandig, durchgeführt werden. An Ihrem Startplatz sollte trockener Sand sein. Sie rutschen das Brett leicht hin und her, so daß es nicht durch Sandmulden von vornherein abgebremst wird. Starten Sie nun folgendermaßen:

1. Board auf Raumschotkurs stellen.
2. Segel hochholen und mit der Masthand nach Luv neigen.
3. Nun stellen Sie sich auf das Board, wobei Sie den vorderen Fuß am Gelenk abstützen.
4. Während Ihre Segelhand dichtholt, entlasten Sie das im Sand liegende Board durch blitzschnelles Tiefgehen in die Hocke und nachfolgendes Wiederaufrichten.
5. Durch diese Bewegung mit dem Oberkörper beginnt das Board langsam auf dem Sand zu gleiten.
6. Sobald Sie losgefahren sind, erhöht sich die Geschwindigkeit ungemein. Sie haben sich nun voll auf den Moment zu konzentrieren, da das Brett das Wasser erreicht.
7. Sobald die Bugspitze das Wasser berührt, wird das Board stark abgebremst, zum einen durch den nassen Sand, zum anderen durch das Wasser selbst.
8. Jetzt heißt es blitzschnell das Gewicht zum Heck verlagern, damit Sie mit dem Rigg nicht nach vorne geschleudert werden. Das Übergehen vom Sand aufs Wasser ist beim Beach-Start die kritischste Phase. Dabei fallen Sie zu Anfang auf die Nase, bis Sie gelernt haben, den heftigen Stoß abzufangen und das schlitternde Board vom Sand in eine ruhige Gleitphase auf das Wasser zu steuern.

Wer genügend Sand zur Verfügung hat, kann durchaus 30–50 m weit über das Ufer zischen. Da das fast immer nur mit dem Abstützen des vorderen Fußes am Gelenk gelingt, sollte man unbedingt Turnschuhe tragen. Vor allen Dingen aber nur Boote verwenden, bei denen sich der Mastfuß aus dem Board lösen kann.

Die überzogene Wende

Den Fortgeschrittenen steht eine ganze Anzahl von Wendemanövern zur Verfügung. Ausgangspunkt dieser Wenden ist fast immer ein Überziehen des Segels nach Luv. Während man bei der Schulwende den Gabelbaum zum Wasser neigt und das Segel lediglich bis zum Heck dichtholt, um das Board in eine Drehbewegung zu versetzen, versucht man bei der überzogenen Wende, nachdem der Gabelbaum das Wasser berührt hat, kräftig über das Heck hinaus das Segel nach Luv zu ziehen. Je nachdem, mit welcher Finne Sie fahren – diese bremst ja die starke Drehung des Boards ab – luvt Ihr Brett nun mehr oder minder schnell an. Die überzogene Wende verwendet man also dazu, das Brett in eine schnellere Drehbewegung zu versetzen. Das Überziehen des Segels hat aber einen weiteren Vorteil, daß man nach dem Wechseln der Windseite bereits die richtige Segelposition, d.h. den richtigen Winkel des Segels zum Brett vorfindet.

Bei der überzogenen Wende zieht man das Segel über das Heck hinaus weit nach Luv.

Die Sprungwende

Der wunde Punkt bei der normalen Wende ist das Runden des Mastes. Weniger das optisch ausgeglichene Runden des Mastes führte zu der neuen Technik des Wendens als ganz einfach die Notwendigkeit, beim Brandungskreuzkurs so schnell zu wenden, daß man die Welle auf neuem Bug bezwingen konnte, ohne während des Manövers unter ihr begraben zu werden. Weiter ausgebaut und verfeinert führte diese Blitzaktion zwischen den heranrollenden Wogen zur sogenannten Sprungwende.

Beide Füße sind beim ▷ Sprung hoch in der Luft.

1

2

1 2 3 4 5 6

Wie der Name schon sagt – es geht um einen Sprung

Das Problem ist, daß jeder unkontrollierte Satz auf dem Brett unweigerlich zur Wasserung führt. Während man das Abspringen noch gut schafft, ist das Ankommen auf der neuen Luvseite nur nach intensiver Übung möglich. Sehen wir uns den Ablauf einer Sprungwende an:

1. Wie üblich wird in der ersten Aktion der Mast nach hinten geneigt, bis der Gabelbau das Wasser berührt. Beide Beine stehen dabei hinter dem Mast, Segel- und Masthand haben den normalen Abstand von ca. 50–60 cm.
2. Die Segelhand holt jetzt langsam dicht, so daß der Gabelbaum unmittelbar hinter dem Heck zu liegen kommt. Das dabei notwendige Strecken des nach achtern weisenden Armes nutzen Sie aus, indem Sie den Oberkörper in Richtung Bug schieben, denn Sie nähern sich der Richtung des tatsächlichen Windes und eine seitliche Stellung neben dem Mast würde zum Sturz nach Luv führen.
3. Jetzt greift die Masthand die Startschot (!), während die Segelhand das Segel überzieht bis etwa 50 cm über die Mittschiffslinie.
4. Nun springen Sie mit beiden Beinen ab und drehen sich dabei. Der hintere Fuß landet vor dem Mast, der vordere kommt dort zu stehen, wo man mit dem hinteren abgesprungen ist.

Die Sprungwende ist ein geschlossener Bewegungsablauf. Sie wirkt »ekkig«, wenn der Sprung zu früh erfolgt und man das Segel noch gegen den Wind backhalten muß, um die Startposition zu erreichen. Das läßt sich vermeiden, wenn die Segelhand das Segel kräftig dichtholt und damit die Drehung des Boards durch die Windlinie beschleunigt. Während des Sprungs dreht so das Board weiter und die Masthand kann unmittelbar nach der Landung den Start einleiten. Landet der hintere Fuß zu weit vorne, was zu Anfang häufig passiert, schiebt man ihn noch vor dem Start wie gewohnt auf den Schwertkasten.

Vorübung zur Sprungwende

Sie segeln hoch am Wind, Arme gestreckt, Oberkörper aufrecht. Der vordere Fuß steht neben dem Mast. Versuchen Sie nun, mit beiden Beinen etwa 10 cm hoch zu hüpfen. Achten Sie darauf, daß Sie nicht zu seitlich landen! Vor dem Hüpfen gehen Sie leicht in die Hocke, auch das Aufsetzen auf dem Brett wird ausgefedert. Nun leiten Sie die Wende ein, überziehen das Segel und springen wieder. Nachdem Sie dies öfter wiederholt haben und genügend sicher abspringen, versuchen Sie, drüben auf der neuen Luvseite zu landen. Benutzen Sie die Segelhand während des Sprunges freischwingend zur Balance. Je kräftiger Sie abspringen und sich dabei drehen, desto schneller und auch sicherer erreichen Sie die andere Seite.

1

2

Bei der Sprungwende überzieht man das Segel nach Luv und springt mit einem einzigen Satz um den Mast. Entscheidend ist dabei das sicher dosierte Abspringen, so daß die Landung nicht neben dem Brett erfolgt.

3

4

5

Bild rechts:
In meterhoher Brandung surfen, mit tosendem Wasser im Nacken, erfordert Mut und Geschick, trotzdem erfreut sich dieses Wagnis immer größerer Beliebtheit.

1

2

3

4

5

6

Die Schrittwende ist durch einen ruhigen harmonischen Bewegungsablauf gekennzeichnet. Bei ihr rundet man den Mast mit einem einzigen Schritt.

Die Schrittwende

Diese Wende wird hauptsächlich bei leichteren Winden bis 3 Beaufort bevorzugt. Sie zeichnet sich durch einen ausgesprochen harmonischen Bewegungsablauf aus, der den Beobachter am Ufer in Staunen versetzt, da kein Wackeln auf dem Brett zu sehen ist, sondern das Wendemanöver in einer blitzschnellen Aktion mit einem Schritt (kein Sprung!) erfolgt.

Im Schritt wenden:

1. Begonnen wird mit dem Überziehen des Segels.
2. Beide Füße stehen nebeneinander auf dem Schwertkasten.
3. Sobald man im Wind steht, greift die Masthand als neue Segelhand um das Segel herum an den Gabelbaum. Dabei nimmt man das Segel zwischen die Beine, so daß der vordere Fuß mit einem einzigen Schritt auf der neuen Luvseite dort zu stehen kommt, wo er vorher in Lee stand. Im Moment des Aufsetzens dieses Fußes schwingt auch der zweite Fuß um das Segel herum nach Luv.
4. Während der hintere Fuß um das Segel herumschwenkt, greift auch die Segelhand als neue Masthand an den Gabelbaum und zieht diesen synchron zur Bewegung des Fußes nach vorne und nach Luv, wodurch die neue Startposition gegeben ist.

Die Schrittwende beinhaltet also den Start als letzte Phase im Wendevorgang. Das Wechseln von einem Bug auf den anderen erfolgt ohne Stehenbleiben in einer zusammenhängenden Aktion, in der das Board einen kleinen Kreis beschreibt und sofort auf neuem Bug weitergleitet.

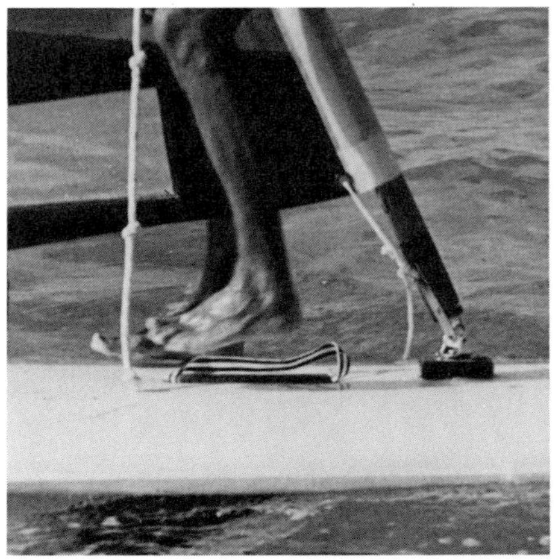

Der Fuß, der zuerst den Mast umrundet, setzt genau an dem Platz auf, wo der andere Fuß gestanden hat.

1

2

Die wesentliche Phase bei der Schrittwende wird in den beiden Bildern links gezeigt.

Die Tauchwende

Die spektakulärste Art und Weise, die Windseite zu wechseln, ist die Tauchwende. Dieses von den Gebrüdern Stickl entwickelte Wendeverfahren unterscheidet sich von den bisher gezeigten Manövern dadurch, daß man nicht vorne um den Mast herumgeht, sondern von der Leestellung unter dem Segel nach Luv hindurchtaucht.

Während die Segelhand als Masthand auf der neuen Luvseite den Gabelbaum greift, taucht der Oberkörper unter dem Segel durch.

So sieht der Bewegungsablauf einer Tauchwende aus:

1. Durch Neigen des Gabelbaumendes luven Sie das Board an, das Segel wird dabei leicht über das Heck gezogen.
2. Sobald der Winddruck im Segel nachläßt und die Bugspitze des Surfboards im Wind steht, bücken Sie sich.
3. Jetzt drückt oder wirft die Masthand das Segel in Richtung Wind.
4. Tief in der Hocke schlüpfen Sie unter dem Unterliek durch und
5. versuchen, sofort mit der Segelhand die andere Gabelbaumseite zu erreichen.

Beim Üben der Tauchwende sollte man den Gabelbaum in die tiefste Stellung binden. Das Tauchen auf die neue Luvseite bereitet am Anfang große Schwierigkeiten. Zumeist bleibt man mit dem Kopf am Unterliek hängen, erreicht dann nicht früh genug den Gabelbaum und kentert so entweder nach Luv oder das Segel fällt nach Lee. Am besten versucht man es an Land. Man stellt dazu das Segel auf und versucht nun, durch Vorneigen des Mastes und damit Anheben des Unterlieks von der einen Segelseite auf die andere zu gelangen. Dies gelingt um so besser, je weiter man den Mast nach vorne neigt.

Gekonnt ausgeführt ist die Tauchwende die schnellste Art, ein Segelbrett zu wenden. Da sie aber nur von ausgesprochen beweglichen Personen durchzuführen ist, die über ein ungeheures Balancegefühl verfügen, gehört sie schon fast in die Trickkiste des Hot-Dog-Surfens.

Die Tauchwende ist schon fast eine akrobatische Leistung. Blitzschnell schlüpft man bei ihr unter dem Segel hindurch auf die neue Luvseite.
▽

1 2 3 4 5 6

8

7

6

5

Die Stopphalse

Schwerfällig gehorcht das breite Heck dem Ruder, der Skipper leitet einen Aufschießer zur Landung ein. Er weiß, daß er sein Manöver frühzeitig beginnen muß – noch etwa 20 m vor dem Steg, denn so weit läuft sein Kahn auch gegen den Wind. Er hat sich knapp verrechnet, da hilft ihm auch kein Backhalten mehr; obwohl der Vorschoter seine ganze Kraft aufbietet, um abzuhalten, ist die Landung deutlich zu hören. – So etwa könnte die Beschreibung eines Landevorgangs mit dem Segelboot lauten.

Wußten Sie, daß Segelboote, um zu »halten«, in den Wind schießen müssen?

Da sind Surfboards wendiger, ganz abgesehen von ihrem natürlichen Treibanker, dem Segel, das in Notfällen einfach zu Wasser gelassen wird. Dem Surfer steht eine Reihe von Aktionen zur Verfügung, sein Board »anzuhalten«. Die am meisten verbreitete ist die Stopphalse.

Stoppen und dann Halsen

Bei diesem Manöver stoppt das Board auf allen Kursen, außer hart Raum und Vorwind. Wie die Bezeichnung verrät, bringt man das Board vor der Halse zum Stillstand. Die Halse braucht darauf aber nicht unbedingt zu erfolgen

Hier der Ablauf:

1. Sie segeln hoch am Wind, z. B. auf Backbordbug, der vordere Fuß steht bereits neben dem Mastfuß.
2. Das plötzliche Backhalten des Segels, also das Gegen-den-Wind-Drücken mit der Segelhand, stoppt das Board. Wichtig ist dabei, daß zuerst die Segelhand drückt und dann erst die Masthand.
3. Sobald sich die Fahrt verringert, ziehen Sie mit der Masthand das Segel nach Luv, und mit dem Fuß neben dem Mast drücken Sie die Boardspitze unter dem Segel durch. Die Halse beginnt.
4. Das Heck beschreibt einen Bogen durch den Wind, der Surfer geht auf Steuerbordbug. Sie greifen mit der neuen Masthand an den Gabelbaum und korrigieren die Fußstellung. Der Start erfolgt.

Besonders das Gegen-den-Wind-Stemmen, mit dem in Lee stehenden

4

3

2

1

Die Stopphalse bremst das Boot bis zum Stillstand ab. Dazu wird das Segel backgehalten, es wird gegen den Wind gedrückt und über den Bug auf die neue Seite gezogen.

Segel, will gelernt sein. Sie ziehen dabei nicht wie üblich am Gabelbaum, im Gegenteil, Sie drücken das Segel in voller Fahrt gegen den scheinbaren Wind, also Fahrtwind und tatsächlichen Wind. Das Drücken erfolgt nur so lange, bis das Board nicht mehr geradeaus läuft. Denn nach dem »Anhalten« dreht es bei weiterem Backhalten des Segels schnell und unkontrolliert, zudem unterschneidet es. Deshalb empfiehlt es sich, die Segelhand zu lösen und nur mit der Masthand am Gabelbaum zu halsen. Diese Methode, zu stoppen und zu halsen, hat sich bis 3 und 4 Beaufort bestens bewährt. Wird man gezwungen, bei stärkerem Wind anzuhalten, so empfiehlt es sich auf jeden Fall, das Segel zu Wasser zu lassen. Regattaprofis allerdings, die vor der Startlinie auf engstem Raum manövrieren, um eine günstige Startposition zu erlangen, benützen die Stopphalse auch bei stärkerem Wind.

Die Stopphalse bei Starkwind

Ein Backhalten des Segels über 4 Beaufort ist äußerst schwierig, da zumeist die Böen daran schuld sind, daß man bei diesem kritischen Manöver das Gleichgewicht verliert und baden geht. Die bessere Methode ist hier, mit der Masthand vor dem Mast den Gabelbaum in Lee zu greifen, kurz mit der Segelhand gegen den Wind zu drücken und dann kräftig mit der Masthand das Segel über den Bug zu ziehen. Nur absolute Könner werden diese Stopphalse meistern. Besonders das Unterschneiden des seitlich wegdrehenden Boards verlangt sorgsame Beinarbeit. Außerdem ist der Zug, der auf die Masthand wirkt, über beide Beine auf das Board zu übertragen und die Drehung herbeizuführen. Es lohnt sich, diese Art des Stoppens, bei der man sozusagen »auf dem Teller dreht«, an einem windreichen Tag auszuprobieren. Zumindest übt man dabei das Boarddrehen bei Wellengang. Die idealen Vorübungen zur Stopphalse sind 360°-Drehungen. Anfangs hält man dabei noch die Startschot; schnell ausgeführt kommen diese Drehungen der Stopphalse dann sehr nahe.

Die Schleuderhalse

Die Halse gehört generell zu den schönsten Manövern im Windsurfing-Sport. Eine ganz besondere Variante ist die Schleuderhalse.
Bei ihr schiftet man das Segel blitzschnell von einem Bug auf den anderen. Sie kann schon bei wenig Wind durchgeführt werden, ist aber hauptsächlich bei Starkwind anzuwenden. In der Hauptsache dient sie zur Steuerung auf Vorwindkurs. Ein Surfer, der bei 4 und 5 Beaufort vor dem Wind kämpft, kann mit seinem Segel auf einem Bug nur noch einen geringen *Steuerausschlag* erzielen. Es ist deshalb notwendig, Hindernissen auszuweichen, Wellenberge im richtigen Winkel zu nehmen oder eine vom Ermüden bedrohte Fußstellung zu wechseln. Wie die Schleuderhalse durchgeführt wird, zeigen die Bilder auf Seite 94 und 95.

1

2

3

4

Man kann das Segel auch schleudern, ohne die Startschot anzufassen. Den Schleudervorgang besorgt dabei die Masthand (Bild 3 und 4).

5

6

68454
6858

8

7

6

5

1. Man surft auf reinem Vorwindkurs, d. h. die Beine sind entsprechend unserer Tabelle S. 96 entweder schräg versetzt, oder sie stehen links und rechts neben dem Schwertkasten. Sie halten das Segel mit seinem Schwerpunkt direkt über dem Gelenk. D. h., es hat keine Tendenz, nach links oder rechts umzufallen.
2. Nun greift die Masthand an die Startschot, was blitzschnell erfolgen muß, da Ihnen sonst das Segel aus der Hand gerissen wird.
3. In unserem Beispiel surfen Sie jetzt auf Backbordbug. Mit der Masthand an der Startschot ziehen Sie nun den Mast in Richtung Steuerbord. Das Board luvt nun leicht nach Backbord an.
4. Sobald Sie dieses Anluven bemerken, läßt die Segelhand nach und im selben Moment reißt die Masthand an der Startschot das Segel in Richtung Ihres Körpers.
5. Das Segel schwingt nun über den Bug. Durch die eingeleitete Drehung mit der Masthand dreht es sich selbständig um 180°, so daß die Segelhand das geschiftete Segel am Gabelbaum auffängt, in unserem Fall nach Backbord zieht, so daß die Masthand ebenfalls den Gabelbaum erreicht.

Bei der Schleuderhalse geht es darum, wie die Bezeichnung schon verrät, das Segel zu schleudern. D. h., durch den Ruck an der Startschot wird ein blitzschnelles Drehen des Segels herbeigeführt.

Fußstellung und Beinarbeit

Arme und Beine sind beim Windsurfen besonders ausgelastet. Während man gezwungen ist, mit den Händen ständig den Gabelbaum zu halten, hat man mit den Beinen die Möglichkeit, durch ständigen Wechsel einen gut ausbalancierten, kraftsparenden Stand zu finden. Zu Anfang hat man noch Angst, sich auf dem Brett zu bewegen. Man sollte aber so schnell wie möglich die richtigen Fußstellungen üben, um einerseits den ständigen Zug auf Arme und Oberkörper zu entlasten und andererseits die jeweils günstigste Kraftübertragung des Winddrucks im Segel über den Körper auf das Boot zu finden.

Die Schleuderhalse funktioniert nur dann, wenn man das Segel auf Vorwindkurs so hält, daß es in seinem Schwerpunkt steht, der Mast ist dabei stark geneigt. Jetzt faßt die Masthand an die Startschot und reißt den Mast nach hinten und zum eigenen Körper. Dabei dreht sich das ganze Segel in einer Schleuderbewegung und landet in geschiftetem Zustand vor dem Körper, so daß Mast- und Segelhand nur noch zuzugreifen brauchen.

4

3

2

1

Eine gute Ausdauer beim Surfen hängt weitgehend von der richtigen Fußstellung ab. In der Tabelle S. 96 sind die bewährtesten Fußstellungen auf den einzelnen Kursen bei verschiedenen Winden eingezeichnet. Grundsätzlich herrscht natürlich zwischen leicht- und schwergewichtigen Surfern bezüglich der Fußstellung ein Unterschied. Während

Fußstellung auf den verschiedenen Kursen

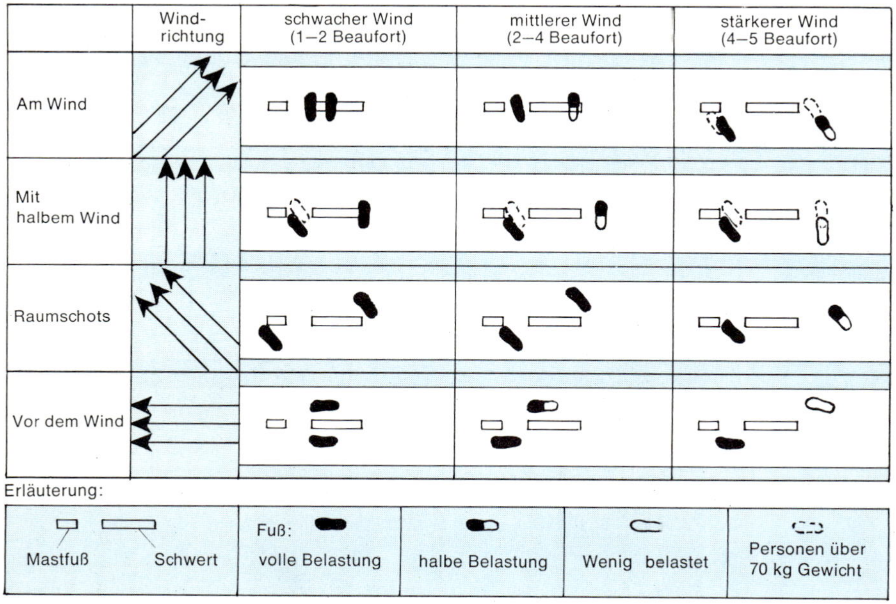

Leichtgewichte bis ganz außen an der Brettkante zu stehen vermögen, müssen Schwergewichte ständig auf der Hut sein, nicht umzukippen, was erforderlich macht, daß sie ihr Gewicht möglichst auf der Mittschiffslinie placieren.

Wir unterscheiden zwei Bewegungsmöglichkeiten mit den Füßen:

1. Zum Balancehalten
2. Zum Boardtrimm.

Das Balancehalten geschieht eigentlich von selbst. Instinktiv wechselt man die Fußstellung, wenn man zum Beispiel zu weit an den Rand kommt und das Board umzukippen droht. Auch Angriffe des Windes und der Wellen sind leicht mit den Füßen zu parieren. Ein guter Surfer wechselt ständig seine Fußstellung. Ähnlich einem Skifahrer, der ununterbrochen die Geländeformen federnd ausgleicht, müssen die Surfer ihre Beine nutzbringend für die einzelnen Manöver einsetzen und das schwankende Gefährt in der richtigen Lage halten, um den jeweils kräftesparendsten Stand zu finden. Merken Sie sich dazu folgendes:

1. Beim aufrechten Surfen (Stehsegeln) sollten beide Beine immer leicht gebeugt bleiben. Die Füße dürfen nie parallel, sondern sollten immer in einem Winkel zueinander stehen. Ideal ist es, wenn der vordere Fuß in Bootslängsrichtung und der hintere im rechten Winkel dazu steht. Diese aus dem Fechtsport stammende sichere Standtechnik ist erprobt und kann durchaus beim Surfen angewendet werden.
2. Ist man auf längeren Kursen (Regatten) gezwungen, eine bestimmte Fußstellung einzuhalten, so sollte man einer Verkrampfung dadurch entgegenwirken, daß man mit dem ganzen Körper mehrmals hoch und tief geht.
3. Bei starkem Wind kann man dem Ermüden dadurch entgegenwirken, daß man sich wechselweise mit Zehen und Fersen abstützt.
4. Weites Zurücklegen und Hinaushängen gelingt nur in rutschfester Position; dazu sollen möglichst die ganzen Fußsohlen die Boardoberfläche berühren.
5. Wenn man sich auf Vorwind- oder Raumschotkurs kniet. Bleiben Sie nach Möglichkeit auf den Zehenspitzen.
6. Das Abstützen gegen den Mastfuß darf nur in Notfällen passieren. Achten Sie darauf, daß es nicht zur Gewohnheit wird.

26112
2618
26114

7. Man sollte nie barfuß surfen, sondern immer zum Schutz und zum besseren Stand Turnschuhe tragen, möglichst mit Naturkautschuk-Sohle.
8. Solange man sich noch unsicher fühlt, bewegt man sich mit Kontaktschritten (kleine schlürfende Schritte). Später sollte man ruhig einmal wagen, zu springen, um vor allem die Zonen auf dem Board kennenzulernen, auf denen man gefahrlos mit dem ganzen Gewicht landen kann.
9. Durch regelrechtes Herumwandern auf dem Board lernt man die instabilen Zonen kennen. Z.B. lohnt es sich, einmal auf Vorwindkurs die Füße so nah wie möglich zum Heck zu placieren. Das bringt nicht nur sehr viel Spaß, sondern ist auch eine ausgesprochen schwierige Balanceübung.
10. Besonders schwergewichtige Surfer, denen das schnelle Bewegen auf dem Brett noch Schwierigkeiten bereitet, da sie des öfteren »danebentreten«, wird empfohlen, die sicheren Standpositionen je nach Körpergewicht mit einem roten Tesaband zu markieren. Das Tesaband wird rund um den Mast bis hinter den Schwertkasten geklebt und gibt so die Fläche an, auf der man getrost eine Bewegung mit einem oder beiden Füßen riskieren kann.

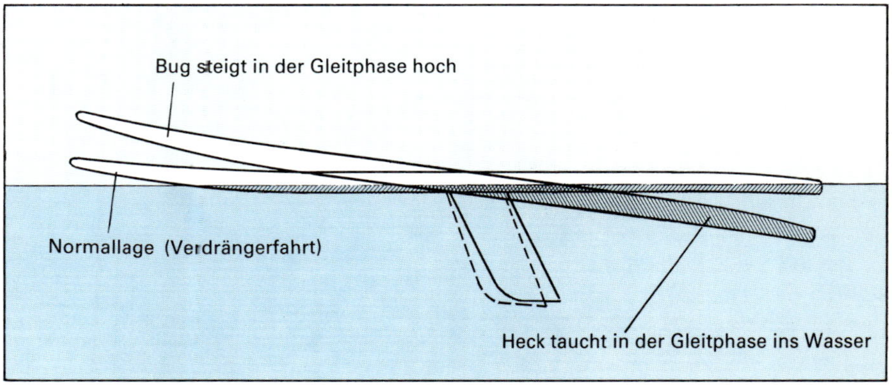

Das Board steigt bei der Gleitphase mit seinem Bug aus dem Wasser hoch, im gleichen Maß drückt sich das Heck tief ins Wasser und wird zur Bremse.

Boardtrimm

Etwas schwieriger wird es schon, wenn man das Wechseln der Fußstellung dazu benutzen muß, das Board in seiner günstigsten Lage im Wasser zu halten. Im wesentlichen geht es darum, einer Veränderung des Lateralplans entgegenzuwirken oder diese bewußt zu erzeugen.
Boardtrimm hängt engstens mit der richtigen Bedienung des Riggs zusammen. Z.B. wird man auf Raumschotkurs nur dann mit seinem Rigg die optimale Geschwindigkeit herausholen können, wenn man mit dem richtigen Stand versucht, das Board in seiner ganzen Länge im Wasser zu halten. Wie schon beschrieben, steigt auf Raumschotkurs und Vorwindkurs das Surfboard aus dem Wasser. Dies ist zum einen durch den Auftrieb des Schwertes begründet, zum anderen durch die Gleitfläche und den Auftrieb des Boards selbst und zum dritten durch die eigene Gewichtsverlagerung nach hinten.
Sehen wir uns in Abb. oben den Winkel an, mit dem ein Surfboard auf rasantem Raumschotkurs durchs Wasser pflügt. Es leuchtet ein, daß das Heck, das sich dabei tief ins Wasser gräbt, zur Bremse wird. Man vermeidet dies durch Verlagerung seines Körpergewichts nach vorne. Eine zweite Möglichkeit besteht darin, sofern die Boardkonstruktion dies zuläßt, den Mastfuß weiter vorne zu placieren, damit einerseits der Druck im Segel weiter vorne am Brett wirksam wird und andererseits das ganze Körpergewicht weiter mit nach vorne wandert.
Raumschots und auf Vorwind gilt die wichtige Regel: Länge läuft.

In diesem Zusammenhang sind natürlich all die Boote bevorzugt, die sowieso eine breite Gleitfläche und damit von vornherein bessere Gleiteigenschaften aufweisen.
Auf Am-Wind-Kursen kann der Lateralplan bewußt durch Krängen verändert werden.
Verschiedene Segelbretter weisen seitlich Kanten auf, die man als Lateralplan benutzen kann, indem man sie ins Wasser drückt. Das kann nach Lee und auch nach Luv passieren.
Das Krängen ist natürlich nur Regattaspezialisten angeraten; für das allgemeine Surfen bleibt es vollkommen bedeutungslos.
Aufschluß über die verschiedenen Fußstellungen, die zum optimalen Boardtrimm führen, gibt die folgende Tabelle:

Mit den folgenden Fußstellungen trimmt man sein Board auf den einzelnen Kursen:

Hart am Wind

Auf diesem Kurs kommt es weniger auf ein Gleiten an, um so mehr muß die Welle ohne Geschwindigkeitsverlust genommen werden. Sie stehen deshalb möglichst in der Mitte des Schwertkastens und halten so das Boot horizontal. Sie verlagern das Gewicht jeweils so nach vorne, daß gerade der Bug die Welle, ohne zu unterschneiden, erklimmt. Bei stärkeren Winden wandert der vordere Fuß mehr in Richtung Mastfuß und Brettkante, um die horizontale Lage des Boards zu gewährleisten.

Halbwind

Auf diesem Kurs erreicht man schon höhere Geschwindigkeiten und hat nicht ständig mit Wellental und Wellenberg zu kämpfen. Deshalb nehmen Sie den vorderen Fuß getrost etwas weiter nach vorne, um so das Brett, das schon nahe am Gleiten ist, möglichst mit seiner ganzen Länge auf dem Wasser zu halten.

Raumschots

Dieser Kurs verlangt größte Beweglichkeit. Während Sie die Welle von hinten einholen, heißt es zurücklegen, evtl. auch den vorderen Fuß zurücknehmen, damit der Bug schnell auf die Welle kommt und diese das Board dadurch nicht zu sehr abbremst. Im nächsten Augenblick aber schon versuchen Sie, das Board durch vollkommene Gewichtsverlagerung auf den vorderen Fuß ins nächste Wellental zu drücken und darauf sofort das Körpergewicht zum Heck zu verlagern, damit die Bugspitze am nächsten Wellenberg nicht unterschneidet. Raumschotfahren heißt also ständiges Pendeln mit dem Körpergewicht in Richtung Bugspitze und Heck. Natürlich trifft dies nur bei größeren Wellen zu. Bei sehr starkem Wind erübrigt sich das Pendeln ebenfalls, da die Bugspitze dann meist schon so weit herausragt, daß keine Gefahr des Unterschneidens besteht.

Vorwind

Auf Vorwindkurs, zumal bei stärkerem Wind, ist es zweckmäßig, sich hinzuknien. Dabei kniet das Bein auf der Segelseite. Das hat den Vorteil, daß das Schwergewicht des eigenen Körpers möglichst nahe an die Boardoberfläche kommt, wodurch man bei einfallenden Böen von hinten nicht gleich nach vorne umgerissen wird und andererseits den Boardtrimm günstig beeinflußt, indem man das Körpergewicht mehr zur Bugspitze bringt. Natürlich besteht auch auf Vorwindkurs die Gefahr des Unterschneidens. Besonders bei hoher kabbeliger Welle muß man dann, ähnlich wie auf Raumschotkurs, im Wellental blitzschnell zurückfedern.

26/12
26/14

(T)raumschots

Der Traum eines jeden Windsurfers: das Brett laufen lassen und schwerelos über die Wellen hinweggleiten, weit zurückgelehnt, den Oberkörper nur wenige Zentimeter über dem Wasser – zu Recht Windsurfing-Faszination genannt. Während man hart am Wind gegen die Welle anzukämpfen hat, sich gegen den enormen Seitenzug des Segels anstemmt, beginnen Raumschots bei rasanter Fahrt höchstens die Knie zu zittern.
Ab 4 Windstärken ist es auf diesem Kurs erforderlich, das Schwert hochzuziehen oder abzuklappen. Vor allen Dingen ist das Rigg mit äußerster Vorsicht zu führen, denn so mancher Versuch, auf Raumschots zu gehen, wird vom Schleuder- oder Kentersturz zunichte gemacht.

Der Schleudersturz

Warum er so häufig auftritt, ist eigentlich einfach zu erklären. Zum Abfallen muß das Segel vorgeneigt werden, man unterstützt dies durch ein Dichtholen mit der Segelhand. Das Board dreht dann in einem großen Bogen aus dem Wind, und in dieser Phase des »Boarddrehens« vergessen die meisten Surfer, ihr Segel synchron zur sich ändernden Windrichtung neu einzustellen. Sind Sie nämlich auf Raumschotkurs und bekommen dann plötzlich eine Bö von hinten, werden Sie glatt nach vorne umgerissen. Konzentrieren Sie sich also beim Abfallen, und das besonders ab 4 Windstärken, auf Ihre Segelstellung. Der scheinbare Wind soll immer unter einem Winkel von 10 bis 20° auf die Sehne Ihrer Segelwölbung einströmen. Das erfordert ein ständiges Fieren während des Abfallvorganges.
Hinzu kommt noch ein weiteres Problem, auf das Sie gefaßt sein müssen. Je weiter Sie abfallen, desto mehr Fahrt nimmt Ihr Board auf. Wir erinnern uns: der scheinbare Wind setzt sich aus wahrem und aus Fahrtwind zusammen. Da Ihr Surfboard nun wesentlich schneller als am Wind oder bei halbem Wind läuft, hat auch der Fahrtwind beträchtlich zugenommen. Dieser kräftigere Wind von vorne lenkt natürlich auch den scheinbaren Wind mehr nach vorne ab. Sie segeln und steuern ausschließlich nach dem scheinbaren Wind. Da dieser nun mehr von vorne kommt, müssen Sie noch weiter abfallen, um wieder den günstigsten Winkel (10–20°) zwischen Segel und scheinbarem Wind zu erreichen. Wundern Sie sich deshalb nicht, daß Sie zum Erreichen der Höchstgeschwindigkeit ständig abfallen müssen.

Auf Raumschotkurs mit der Welle gleitet das Board leicht dahin.

Der Kentersturz

Bei hohen Geschwindigkeiten entwikkelt das Schwert eine derartige Auftriebskraft, daß das Board regelrecht hochgehoben wird. Meist wird der Stand bei diesem Aufbäumen des Boards unsicher, es krängt; dabei spielt es keine Rolle, ob nach Luv oder Lee, denn in diesem Moment wird der seitliche Zug des Schwertes noch größer, das Schwert hat nun das absolute Bestreben, zur Wasseroberfläche zu »planen«. Diese Drehbewegung des Schwertes löst den Kentersturz aus. Gegen ihn ist kein Kraut gewachsen. Auch wenn man sich ganz seitlich auf die Boardkante stellt, wird man kaum noch Herr der Lage. Besser ist es in solchen Situationen, sofort vom Brett abzuspringen, damit man beim plötzlichen Umdrehen des Boards nicht mit dem Schwert oder der Heckflosse in Berührung kommt.

Kenterstürze vermeidet man durch Hochziehen des Schwertes.

Verschiedene Griffe

Es ist immer dasselbe. Sonnenschein, herrlicher Wind, gute Gesamtkondition, doch bereits nach 10 Minuten ist man nicht mehr in der Lage, den Gabelbaum vernünftig zu halten. In der Surferfachsprache heißt das »die Hände gehen auf«. Man kann dem entgegenwirken, wenn man frühzeitig lernt, alle Grifftechniken, die zur Verfügung stehen, einzusetzen. Normalerweise beginnt man mit dem *Obergriff* (Ristgriff). Der günstigste Wechsel dazu ist der *Untergriff* (Kammgriff). Entweder wechselt man mit beiden Händen gleichzeitig, oder aber man wechselt nacheinander, so daß man zeitweise im Zwiegriff segelt. Besonders Regattafahrer bevorzugen auf dem Am-Wind-Kurs den *Ellenbogengriff.* Man holt mit ihm das Segel optimal dicht und entlastet die gesamte Unterarmmuskulatur. Auch hart am Wind kann man öfter den *Achselgriff* anwenden. Dabei nimmt man den Gabelbaum unter die Achsel und läßt den Arm lose herabbaumeln, wodurch die ganze Muskulatur entlastet wird.

Neben der Griffhaltung kann auch die Fingerhaltung unterschiedlich sein. Normalerweise umschließt die Hand den Gabelbaum so, daß die vier Finger oben und der Daumen unten liegen. Genauso gut kann der Daumen mit den Fingern nur oben greifen, vor allem bei der Segelhand. Während man im Ellenbogengriff surft, entlastet man die Fingermuskulatur dadurch, daß man die Finger streckt und die Handfläche innen gegen den Gabelbaum drückt.

Der Untergriff wird hauptsächlich bei der Masthand angewendet, weil diese dann ohne das ungünstige Abknicken im Handgelenk den Gabelbaum besser halten kann.

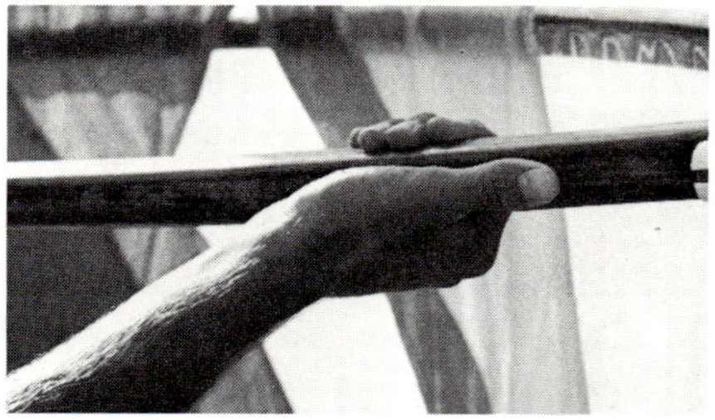

Der Daumen kann sowohl beim Ober- als auch beim Untergriff zur Entlastung am Gabelbaum angelegt werden.

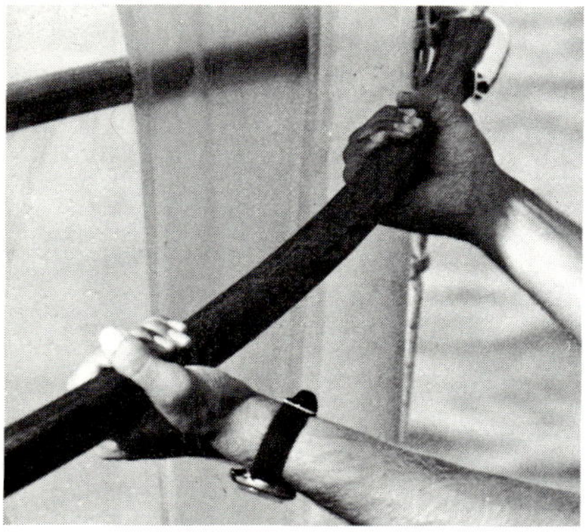

Der Untergriff

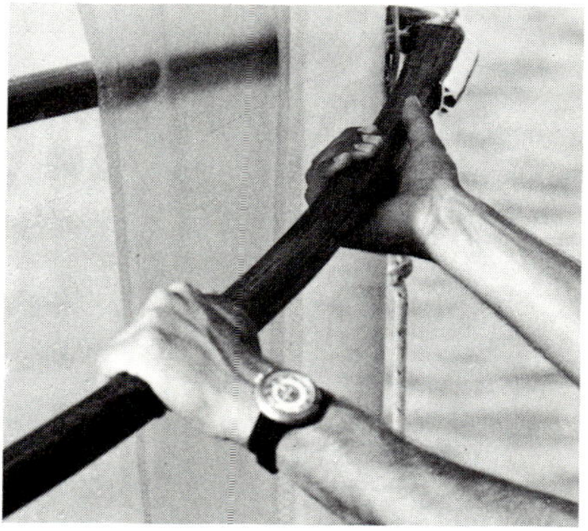

Der Wechselgriff

Der Ellenbogengriff

26511
26353
26122
26507

Windsurfing-Regatta

Das Gerät

Der größte Vorteil, den Regattasurfer gegenüber Regattaseglern haben, ist ihr simples Fahrzeug. Wer ein kompliziertes Regattaschiff schon einmal zum Wettlauf klargemacht hat, weiß den einfachen Aufbau eines Surfsegelbrettes zu schätzen. Und doch ist es ein großer Fehler, wenn der Surfer seinem Segelbrett nicht genügend Aufmerksamkeit vor dem Wettlauf schenkt. Gehen Sie deshalb grundsätzlich anhand einer Checkliste durch, was man vor einer Wettfahrt an seinem Brett kontrollieren und beachten muß.

Die Tampen

Ist der Stoppersteg richtig gebunden, der Masttampen noch nirgends durchgescheuert? Ist der Vorliekstrecker so gebunden, daß er bei einer neuen Windsituation jederzeit neu eingestellt werden kann? Das gleiche gilt für die Trimmschot.

Der Gabelbaum

Sitzen die Belegklemmen noch fest? Sind die Gabeln bei stärkerem Wind noch voll belastbar? Rutscht die Trimmschot am Gabelbaumende gut, damit sich das Segel während der Fahrt neu einstellen läßt?

Weitere wichtige Teile

Hat der Mast noch seine volle Flexibilität, keinen Riß im Mastfuß- oder Masttampenbereich? Ist das Schwert an seinen dünn profilierten Seiten noch gut haltbar? Sind die beiden Finnenschrauben noch fest angezogen? Sind die Spreizlattentaschen im Segel noch ordentlich vernäht? Sitzen die Ösen an Schothorn und Segelhals noch gut im Segel? Besonders auf Meisterschaften, bei denen das Brett gestellt wird, sollten Sie dieses genau untersuchen, gerade weil es sich nicht um Ihr eigenes, vertrautes Board handelt.

Fit sein ist alles

Surfen zählt zu den wenigen Sportarten, bei denen in relativ kurzer Zeit sehr viele Kalorien verbraucht werden. Gewöhnen Sie sich deshalb langsam an den Wind und das Revier und trainieren Sie in Maßen. Jeder Surfer weiß, wie schwierig es ist, nach den ersten berauschenden Böen und einigen geglückten Wenden die trockene Zunge wieder vom Gaumen zu lösen. Bauen Sie diesem Mangel an Flüssigkeit vor und trinken Sie vor jedem Lauf etwas mehr als gewöhnlich.

Bevor Sie ins Wasser gehen, merken Sie sich die wichtige Regel:

Stürzen Sie sich nie ohne ausgiebiges Training in Wind und Wellen.

Armtraining wozu?

Wer überhitzt ans Wasser kommt, schon im Surf-Rausch das Brett vom Dach reißt und zwei Minuten später mit dem Wind kämpft, kennt die Antwort. Solchen Surfern gehen spätestens nach 10 Minuten »die Hände auf«. Der gefürchtete Blutstau im Unterarm ist die Ursache. Bei einer Regatta gilt es, alles dafür zu tun, dieses kritische Stadium zu überwinden, besser noch an Land vorwegzunehmen. Das beste Training hierfür sind Liegestützen und danach Klimmzüge an einer Stange. Wichtig ist, daß Sie mit gut durchbluteten Armmuskeln den Wind angreifen.

Vorsichtsmaßnahmen

Gehen Sie eine halbe Stunde vor dem Start aufs Wasser – das gilt besonders bei viel Wind – und toben Sie sich 10 Minuten richtig aus. Dann entspannen Sie sich; bleiben Sie ruhig auf dem Wasser, legen sich flach auf Ihr Brett, lockern die Armmuskeln durch abwechselndes Ballen der Fäuste und Schütteln der Arme.

Taktik, die stärkste Waffe

Immer wieder wird Taktik mit unfairem Segeln verwechselt. Aus Unkenntnis des Reglements wird oft einem brillanten Taktiker unfaires Verhalten vorgeworfen. Wer nicht jede Möglichkeit, die die Regeln zulassen, in seinem taktischen Plan verarbeitet, ist selbst schuld.
Das fängt mit dem Beobachten des Windes an. Wann werden Sie auf der Kreuz Ihren Bug wechseln? Wenn Sie glauben, mit der Mehrzahl der Konkurrenten lange genug in eine Richtung gesegelt zu sein, oder wenn Sie eine geringe Winddrehung spüren? Von diesen und ähnlichen Überlegungen hängt maßgeblich der Sieg einer Regatta ab. In den weiteren Ausführungen verzichten wir, näher auf das Regatta-Reglement einzugehen, denn es versteht sich von selbst, daß jeder Regattasurfer die Wettsegelbestimmungen kennen muß, und zwar von A bis Z. Wer da noch Schwierigkeiten hat, zieht am besten das ausgezeichnete Buch von Roland Denk »Klar zum Regattasegeln« (BLV-Verlag) zu Rate. Nur wer die Regeln kennt, kann sie logischerweise befolgen und vor allem nützen. Und dieses Nützen versäumen die meisten. Was heißt Innenposition, sichere Leestellung, Abdeckung? Das Reglement ist die Basis für den taktischen Plan, und ohne diesen surft man sicher am Sieg vorbei. Beachten Sie vor allem die Zusatzregeln, die vor dem Start während des Skipper-Meetings ausgegeben werden. Merken Sie sich alle Flaggensignale, und wenn Ihnen etwas unklar ist, fragen Sie sofort. Die Regattaleitung ist vor dem Start dazu da. Gehen Sie nie aufs Wasser, ohne sich nicht restlos Klarheit verschafft zu haben.

Die Winddrehung

In unserem Sport hängt alles von jenem Luftstrom ab, dessen Richtung Könner schon dann zu bestimmen vermögen, wenn andere noch Schwierigkeiten haben, ihn überhaupt zu spüren. Wenn er stärker wird, spürt ihn jeder. Dann aber heißt es aufpassen; starker Wind wechselt meist, und diese Winddrehungen verhelfen dem taktischen Surfer auf der Kreuz oft zu Hunderten Metern Vorsprung. Der eine spürt die Winddrehung am Bart, der andere sieht sie auf dem Wasser und ein Dritter fühlt sie am ganzen Körper. Dieses Gefühl für den Wind kann man lernen, und es ist gar nicht so schwer. Noch dazu haben Sie an Ihrem Surfsegler den besten Windrichtungsanzeiger, den ein Segelfahrzeug überhaupt haben kann, das freischwingende Segel. Stellen Sie sich breitbeinig links und rechts neben den Mast, Segel querab, in der sogenannten Grundstellung, und nehmen Sie eine Hand ca. 20 cm oberhalb des Gabelbaumes an den Mast. Ihr Arm ist dabei gestreckt, das Segel schwingt frei im Wind, und das Board steht im rechten Winkel dazu. Stehen Sie so mindestens 5 Minuten, konzentrieren Sie sich ganz darauf, den rechten Winkel zwischen Segel und Brett durch Balancieren der Beine zu halten. Die Wellen federn Sie mit dem ganzen Körper aus. Je stabiler Ihre Lage wird, desto mehr achten Sie auf Ihr Segel und auf die Hand, die es hält. Beobachten Sie, indem Sie die Beine ganz entlasten, ob sich das Board dreht, wenn Sie die Hand fest am Mast halten. Sie müssen dann an ihr spüren, daß der Mast die Tendenz hat, sich nach einer Seite zu drehen. Diese Drehung übertragen Sie auf das Board. Peilen Sie nun über Bug und Heck zwei Punkte an Land an. So können Sie den Winkel ausmachen, in dem sich der Wind dreht. Das Ganze gelingt nur, wenn man es in Ruhe mehrere Minuten lang durchführt. Diese Windkontrolle ist vor jedem Start unumgänglich, vor allem noch kurz vor dem Start, denn sie gibt Aufschluß darüber, ob man auf Backbord oder Steuerbord starten wird, ob man in erster oder zweiter Linie seine Position sucht und ob man die Kreuz mit langen oder kurzen Schlägen meistern wird. Die taktischen Überlegungen sind so vielfältig, daß wir sie nicht als Kapitel, sondern begleitend zu den folgenden Beschreibungen des Regattaablaufes aufzeigen.

Der Start

Bevor Sie aufs Wasser gehen, trimmen Sie das Segel, und zwar für den Wind, den Sie in der nächsten Wettfahrt erwarten. Korrigieren Sie in den Pausen den Trimm, führen Sie Vergleichsfahrten durch, und stellen Sie Ihr Segel erneut ein. Eine Grundregel heißt: »Eher zu schwach als zu bauchig.« D.h., ein etwas flacher gespanntes Segel läßt sich einfacher fahren, läuft mehr Höhe und braucht weniger Kraft zum Halten. Gehen Sie dann aus den bereits beschriebenen Gründen frühzeitig aufs Wasser.

Die Startlinie

Zuerst kontrollieren Sie die Startlinie. Sie soll im rechten Winkel zur Windrichtung liegen. An den Abbildungen sehen Sie, welchen Vorsprung Sie bereits haben, wenn Sie erkennen, daß die Linie schief liegt und Sie die richtige Position haben. Surfen Sie mit Ihrem Board zwischen Tonne 3 und Startschiff, peilen Sie über Bug und Heck und beobachten das freischwingende Segel; steht es nicht im rechten Winkel zum Brett, so zeigt es Ihnen den Winkel an, um den die Startlinie abweicht. Korrigieren Sie nun Ihr Board zum rechten Winkel, so sehen Sie, wo das Startschiff bzw. Tonne 3 liegen müßte.

Das Board liegt genau auf der Startlinie, Bug und Heck fluchten mit den Begrenzungen der Startlinie. Wenn dabei das Segel im rechten Winkel zum Board ausweht, so ist die Startlinie im rechten Winkel zum Wind ausgelegt (unten links).

Das Board liegt wieder genau auf der Startlinie. Bug und Heck fluchten aber nicht mit ihr. Deutlich sieht man den Winkel, mit dem die Startlinie vom rechten Winkel zum Wind abweicht (unten rechts).

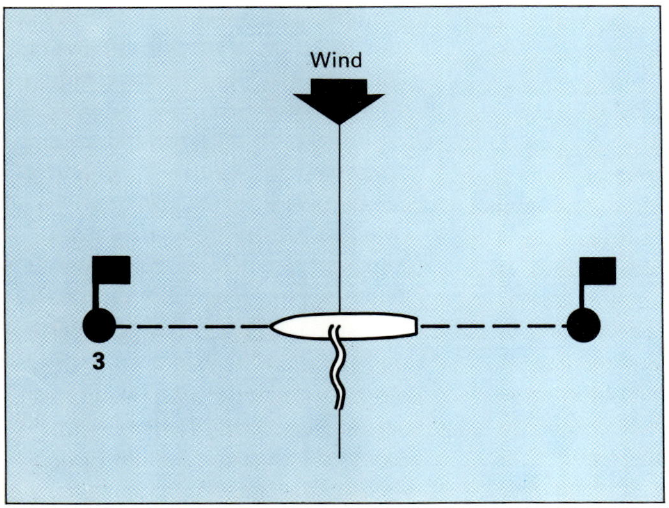

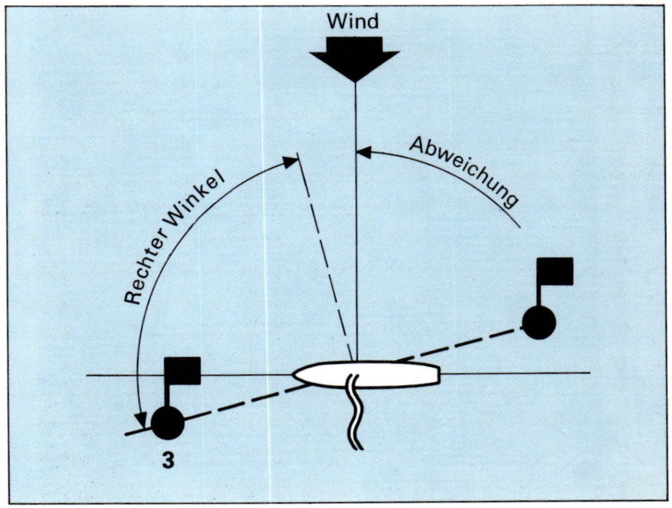

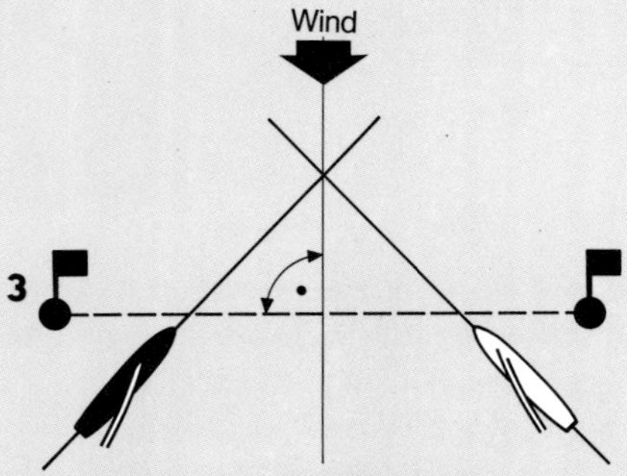

Ist die Startlinie im rechten Winkel ausgelegt, so hat Backbord mit Wegerecht Vorteil.

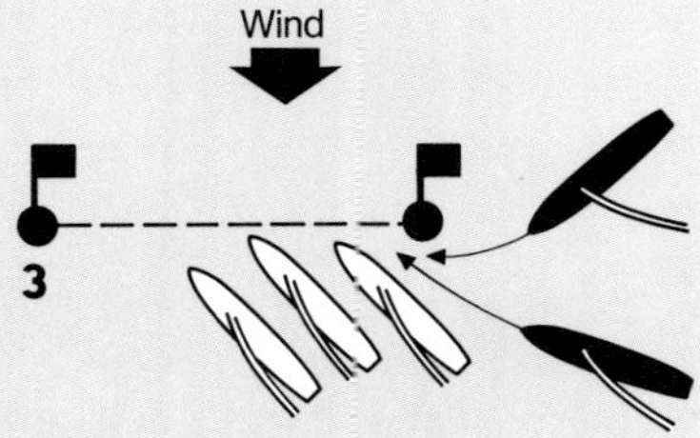

Hier gilt die Regel Lee vor Luv. Die beiden schwarzen Boote haben mit ihrem »Reindräng-Start« keine Chance.

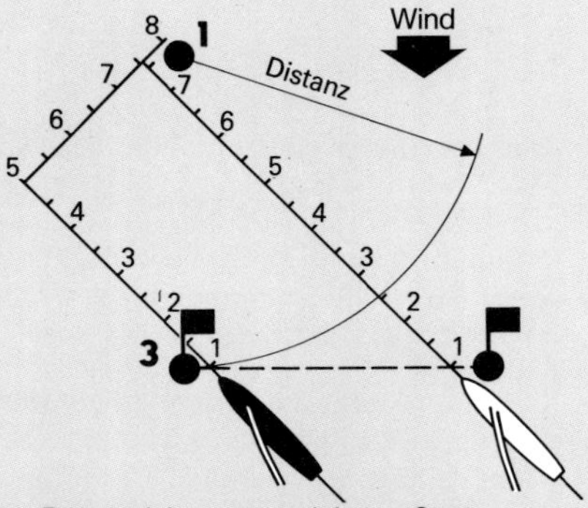

Liegt Boje 1 nicht genau mittig zur Startlinie, so ist die Distanz zu den beiden Startlinienbegrenzungen verschieden.

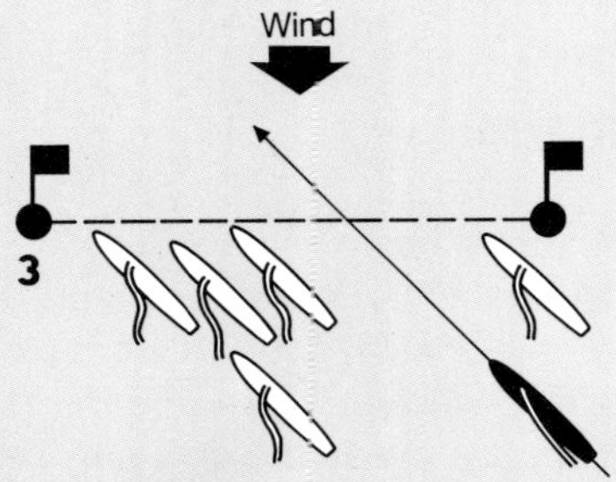

Während die weißen Boote mit killendem Segel an der Startlinie stehen, nutzt das schwarze Boot noch seine Distanz und geht beim Startschuß in voller Fahrt über die Linie.

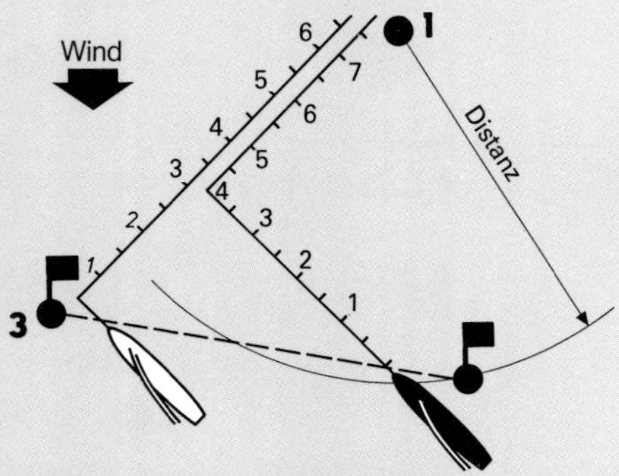

Liegt Boje 1 nicht mittig zur Startlinie, die Startlinie selbst aber auch nicht im rechten Winkel zum Wind, so kann sich der Nachteil der größeren Bojendistanz wieder aufheben.

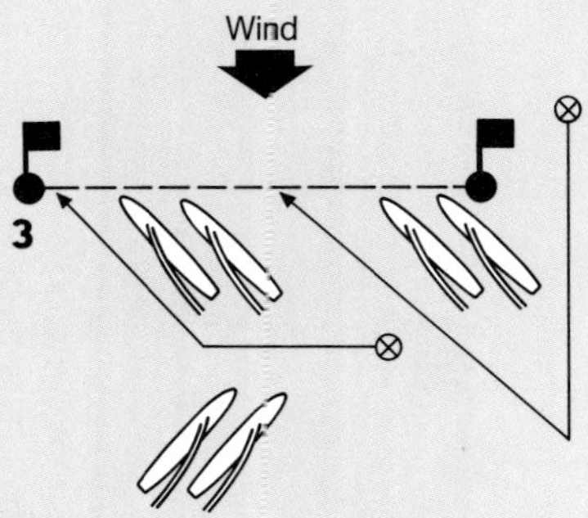

Das positionierte Zeitnehmen vor dem Start erspart das Warten in der zweiten Linie.

Die Position vor dem Start

Sie beobachten aufmerksam das Feld der Teilnehmer. Wo stehen die meisten? Wo könnte eine Lücke entstehen?

Grundregeln:

1. Nicht zu früh an die Linie surfen, um nicht abgetrieben zu werden.
2. Immer und unter allen Umständen freihalten, lieber mit etwas Nachteil starten, als im Gedränge untergehen.
3. Niemandem nachsurfen, seinen eigenen Weg vom Start an festlegen.
4. Mit der eigenen Uhr genau Zeit nehmen und sich danach auf den Startschuß vorbereiten.
5. Besser aus zweiter Linie in eine Lücke vorstoßen und mit dichten Segeln über die Linie gehen, als an der Startlinie warten und dann im allgemeinen Gedränge nicht »in Fahrt« kommen.
6. Sofort nach Überqueren der Startlinie die Lage beurteilen und gegebenenfalls frühzeitig wenden. Nicht im Abwind des Vorfeldes bleiben.
7. Nach geglücktem Start ausschließlich auf Segel, Kurs und Surftechnik achten. Eine Windsurfing-Regatta entscheidet sich fast immer beim Start. In 90% aller Fälle gewinnt der, der den besten Start hatte.

Der Kurs

Alle internationalen Windsurfing-Regatten werden auf einem sogenannten »Olympischen Kurs« ausgetragen. Die Bahnmarken liegen hier auf dem Bogen eines Vollkreises, als Dreieckskurs, so daß Kreuzstrecken, Raumwind- und Vorwindstrecken möglich sind. Die Bojen der Tonnen des Olympischen Kurses werden immer erst kurz vor dem Start gesetzt, damit die Wettfahrtsleitung die Boje 1 genau gegen den Wind auslegen kann. Wie die Abb. S. 108 links oben zeigt, soll die Startlinie im rechten Winkel zur Windrichtung liegen. Der Kurs kann links und rechts herum gesegelt werden.

Mit dem Ankündigungssignal wird entschieden:

- Durch eine grüne Flagge rechts herum (alle Tonnen bleiben auf Steuerbord)
- Durch eine rote Flagge links herum (alle Tonnen bleiben auf Backbord).

Die vollständige Bahn lautet:

Start – 1 – 2 – 3 – 1 – 3 – Ziel.

Distanz zur Boje 1

Abb. S. 108 links Mitte zeigt uns eine Startlinie, die zwar senkrecht zum Wind ausgelegt ist, bei der Boje 1 aber nicht »mittig« steht. Man könnte nun daraus schließen, daß es günstig wäre, an Boje 3 zu starten, da diese näher an Boje 1 liegt. Wie wir aber der Streckenmessung entnehmen, sind beide Boote gleichzeitig an Boje 1, wobei das weiße Boot noch Vorteil genießt, da es mit Backbordschoten ankommt. Entscheidend ist also nicht die Distanz zwischen zwei Bojen, sondern die Höhe zum Wind, auf der die Boote zum Start liegen. Ein weiteres Beispiel macht dies deutlich. Obwohl Boje 3 weiter als die zweite Startboje von Boje 1 entfernt liegt, wird das weiße Boot früher an Boje 1 kommen, denn Boje 3 liegt höher am Wind (Abb. S. 108 links unten).

Ruhe vor dem Start, Surfer bleiben in den Regattapausen meist auf ihren Brettern im Wasser.

Bevorzugte Seite beim Start

Ist die Startlinie nicht im rechten Winkel zur Windrichtung ausgelegt, so gibt es immer eine bevorzugte Seite. Normalerweise startet man mit Vorfahrtrecht auf Backbordbug. In nebenstehender Abbildung zeigt sich aber, daß ein Steuerbordboot auch ohne Wegerecht, wenn es frühzeitig starten kann, den »Backbord-Startern« davonsegeln kann. Natürlich ist der Steuerbordstart immer ein Risiko, da man mit den Wegerecht-Booten in Konflikt kommen kann.

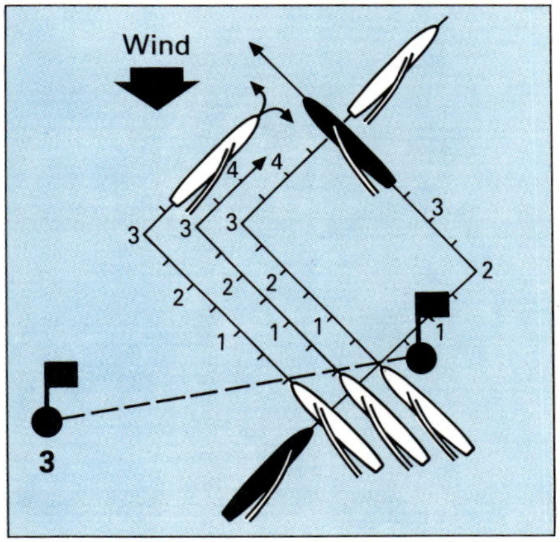

Manchmal lohnt es sich, auf Steuerbord zu starten, da man beim nächsten Schlag auf Backbord wieder Wegerecht genießt.

Die Kreuz, ein Kreuzweg

Hier trennt sich die Spreu vom Weizen, hier erkennt man deutlich jene, die das ganze Jahr über Raumschots auf und ab donnern und nie gelernt haben, »Höhe zu laufen«. Es heißt nun, einen Kompromiß zwischen Stillstand und möglichst gutem Vortrieb zu finden. Bei schwachem Wind lohnt sich immer das »Höhe knüppeln«, d. h. wenig Fahrt machen, aber viel Höhe gewinnen. Je stärker der Wind, desto mehr sollte man es »laufen lassen«, nicht zuletzt, weil der Kraftaufwand beim Höhe-Laufen enorm groß ist. Starker Wind verursacht Wellen. Nun kommt noch das Problem des »Wellenversatzes« dazu. Orten Sie bereits vor dem Lauf, aus welcher Richtung die Wellen kommen und auf welchem Bug Sie daher mehr oder weniger versetzt werden. Wer es genau wissen will, mißt auch noch am Ort des Regattafeldes den möglichen Strom, jene Richtung also, in die man zusätzlich »versetzt« oder abgetrieben wird. Aus der Summe dieser Erkenntnisse legen Sie Ihren Plan für die Kreuz fest. Nicht zu vergessen ist, daß der letzte Schlag von Steuerbord auf Backbord erfolgen muß, oder wollen Sie ohne Vorfahrt an Tonne 1 heransurfen? Die Surftechnik auf der Kreuz sollte sehr ruhig sein. Vermeiden Sie jede heftige Aktion. Alles ist darauf ausgerichtet,

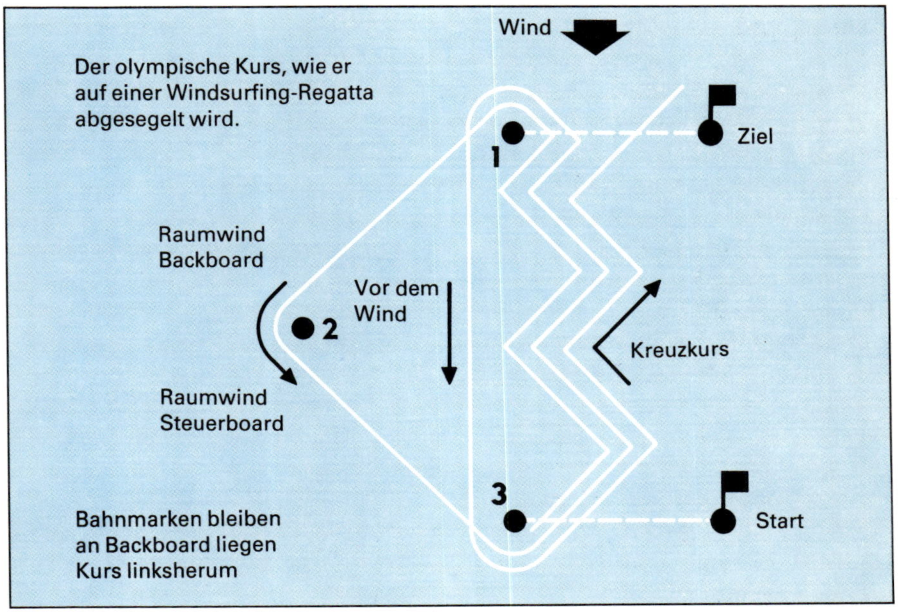

Bei wechselhaften Winden lohnt es sich, in kurzen Kreuzschlägen die Luv-Boje zu erreichen. Bei einem einzigen langen Schlag riskiert man eine ungünstige Winddrehung.

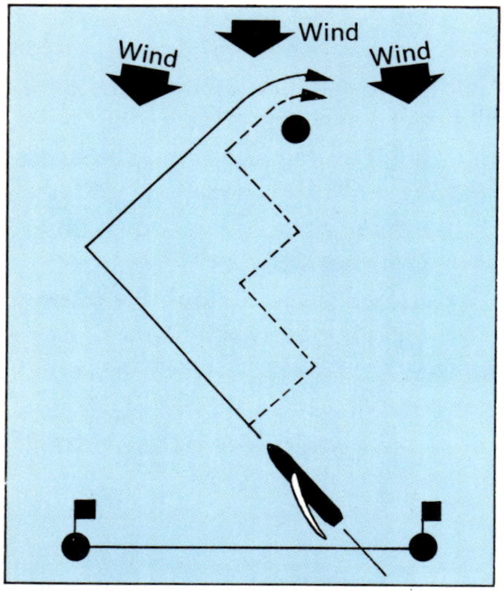

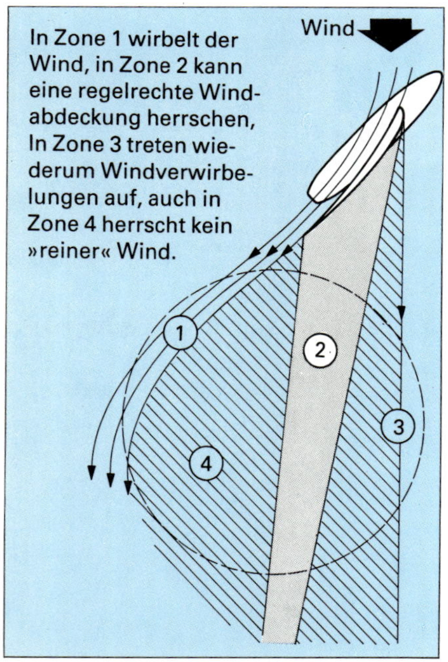

In Zone 1 wirbelt der Wind, in Zone 2 kann eine regelrechte Windabdeckung herrschen, In Zone 3 treten wiederum Windverwirbelungen auf, auch in Zone 4 herrscht kein »reiner« Wind.

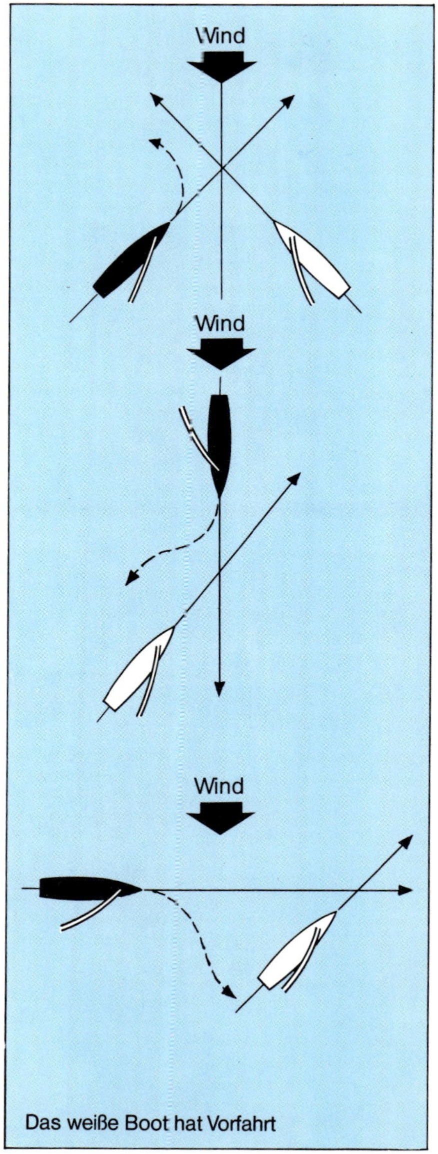

Das weiße Boot hat Vorfahrt

mit jedem Meter Fahrt voraus ein Maximum an Höhe zu gewinnen. Beobachten Sie ständig die Böen schräg voraus in Luv. Am besten vor dem Einfallen etwas fieren, sobald der Winddruck zunimmt, dichtholen und anluven, dabei vorsichtig über den Wellenkamm gehen, möglichst nicht unterschneiden und das Board immer im Laufen halten. Beobachten Sie auch Ihre Konkurrenten. Läuft jemand wesentlich höher? Liegt das an Ihrer Segelstellung oder am Wind, den Ihr Konkurrent hat?

Hautnaher Kampf an der Boje

Sobald Sie sich der Boje nähern, prüfen Sie, ob Sie die Marke auch ohne Schwierigkeiten runden können, oder ob Sie nochmals, durch die Abdekkung anderer Boote, gezwungen werden zu wenden. Runden Sie nie zu dicht im Feld, denken Sie daran, sich freizuhalten, lieber 10 m mehr Höhe laufen, als an der Tonne »umgemäht« zu werden.

Raumschot, Spezialkurs für Surfer

Hier trifft »surfen« im wahrsten Sinne des Wortes zu. Der Bug darf nicht zu hoch aus dem Wasser, das Heck nicht zu tief ins Wasser. Das Boot

Bei diesem Regattastart (Wind 6 Beaufort) schafften es nur einige, im richtigen Augenblick an der Linie zu sein.

muß also möglichst mit der ganzen Länge ins Gleiten gebracht werden (Länge läuft). Halten Sie Ihren Schwerpunkt möglichst dicht über dem Brett. Oft müssen Sie mit stark nach Luv geneigtem Mast diesen Kurs bezwingen, dazu kommt die Gefahr des Unterschneidens bei der Querung der Wellen. Das meistern Sie nur im Knien oder ganz dicht über dem Brett, niemals aufrecht stehend. Ihr Körper wirkt dann als Pendel, und das Brett muß daher unterschneiden. Vermeiden Sie den größten Fehler auf Raumschotkurs, ein zu dichtes Segel. Am besten fieren Sie, bis alles killt und holen dann eine Handbreit dicht – das ist die optimale Segelstellung.

Auf dieser Wegstrecke glücken dem geschickten Surfer die meisten Überholmanöver. Surfen Sie dazu mit genügend Höhe hinter Ihrem Konkurrenten in Luv, bis er durch Ihren Abwind langsamer wird, dann fallen Sie zu ihm ab, nehmen »Fahrt auf«, luven wieder an, und dieser Schwung reicht für einen weiteren Platz nach vorne. Kritisch wird es beim Annähern an Tonne 2. Hier sollten Sie natürlich schon frühzeitig Ihre Innenposition gefestigt haben und ohne Kampf an innerster Stelle runden. Oft glückt es aber auch, aus einer Leestellung heraus anzuluven und hinter dem Gegner in eine Innenposition zu gelangen.

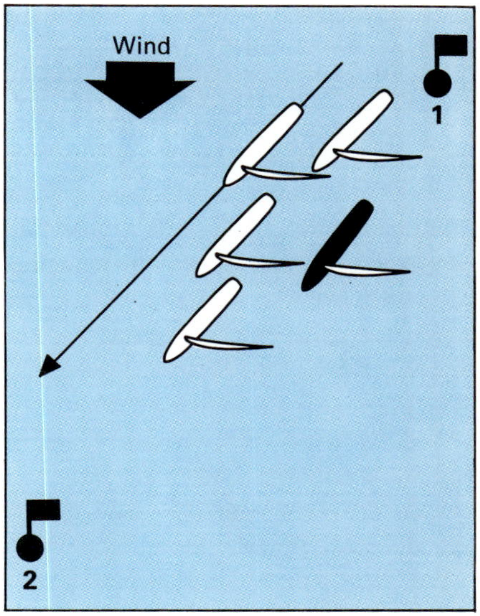

Nach dem Runden von Tonne 1 ist es ratsam, außen zu bleiben und erst kurz vor Tonne 2 auf Innenposition zu gehen.

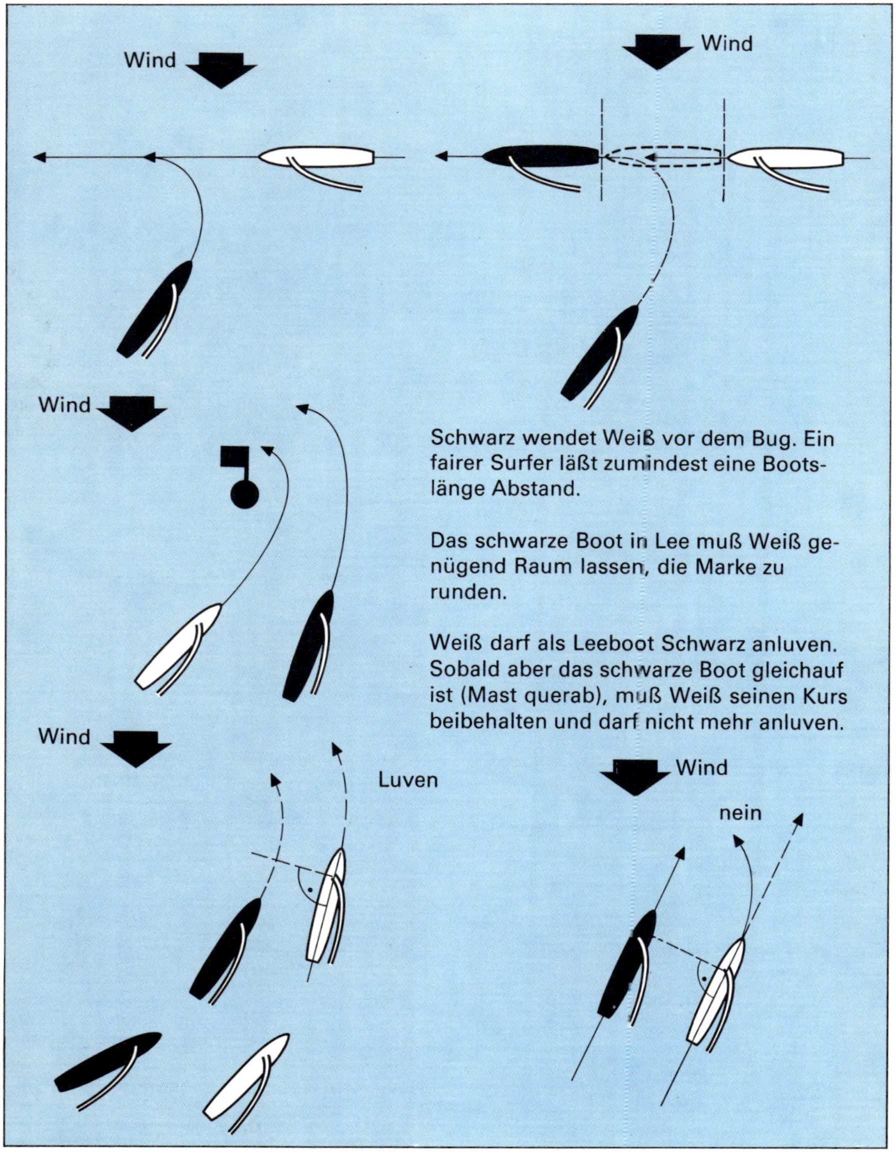

Schwarz wendet Weiß vor dem Bug. Ein fairer Surfer läßt zumindest eine Bootslänge Abstand.

Das schwarze Boot in Lee muß Weiß genügend Raum lassen, die Marke zu runden.

Weiß darf als Leeboot Schwarz anluven. Sobald aber das schwarze Boot gleichauf ist (Mast querab), muß Weiß seinen Kurs beibehalten und darf nicht mehr anluven.

Achtung: Überlappungsregel!

Nach Tonne 2 geht es Raumschots weiter, meist aber mehr mit halbem Wind. Auch hier sollten Sie auf die Segelstellung achten und nie mit zu dichten Segeln surfen. Die zweite Kreuz wird Ihnen leichterfallen; das Feld ist jetzt auseinandergezogen, Sie können sich ganz auf Ihren taktischen Plan konzentrieren, vorausgesetzt, Sie haben Ihren Kräftehaushalt richtig eingeteilt. Vergessen Sie nicht, auf der Kreuzstrecke immer wieder tief Luft zu holen und durchzuatmen. Halten Sie vor allem den Sauerstoff mehrmals kurz in Ihrer Lunge fest, um dann ganz auszuatmen. Die richtige Atmung wird Sie ruhiger und gelöster machen. Bei den geringsten Anzeichen von Verkrampfungen wechseln Sie sofort den Bug, die Wende benützen Sie dazu, kräftig alle Glieder auszuschütteln. Auch die Griffe (s. S. 102) wechseln Sie öfter. Vergessen Sie auch nicht, ständig die richtige Beinstellung zu finden. Je mehr Sie Ihren Körper einsetzen um zu balancieren und auszugleichen, desto geringer ist die Gefahr eines Sturzes. Ein Sturz kostet mehr als alle anderen Fehler. Vermeiden Sie deshalb jedes Risiko; lieber etwas verhalten surfen und damit sicher über die Runden kommen, als durch Stürze dem Feld hinterherzusehen.

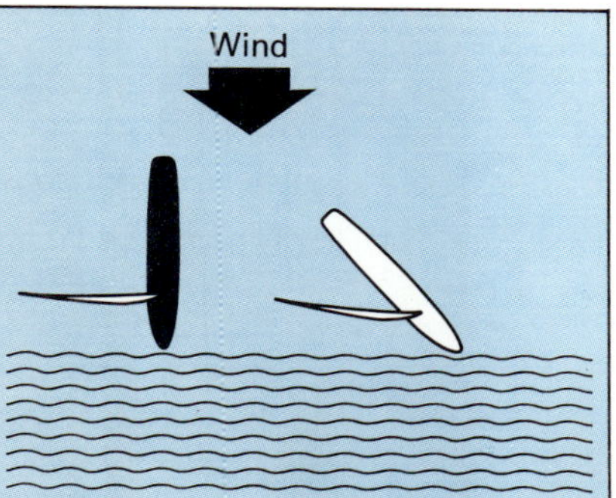

Auf Vorwindkurs sollte man nie im rechten Winkel zur Welle surfen, sondern Wellenberg und Wellental schräg queren.

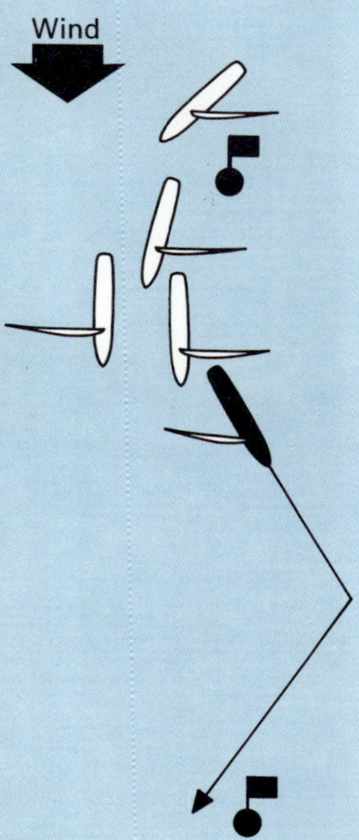

Vorwind, der schwierigste Kurs

Zwischen Tonne 1 und Tonne 3 sind die perfekten Stehsegler dran. »Vor dem Wind« über 4 Windstärken durchzustehen, ist schon bei einem normalen Surf eine Meisterleistung. In der Wettfahrt gilt es auch noch, maximale Geschwindigkeit zu surfen. Deshalb nie senkrecht zur Welle, sondern schräg über den Wellenkamm hinweggleiten, also vor dem Wind kreuzen. Beachten Sie auf Vorwind die Konkurrenz hinter Ihnen. Bildet sie eine Mauer und nehmen dadurch den Wind? Dann nichts wie halsen und seitlich raumschots in reinen Wind surfen.

Noch ein Wort zur Beinstellung auf Vorwind:

Sowie der Wind etwas auffrischt und Wellen Ihnen zu schaffen machen, stellen Sie Ihre Beine stark versetzt auf das Board, niemals links und rechts neben den Schwertkasten. Knien Sie womöglich nieder, damit der Schwerpunkt dicht über dem Brett bleibt. Sie vermindern dadurch auch die Gefahr, daß Sie der Wind nach vorne umreißt.

◁ Sobald sich eine Abdeckung bildet, kreuzt man vor dem Wind.

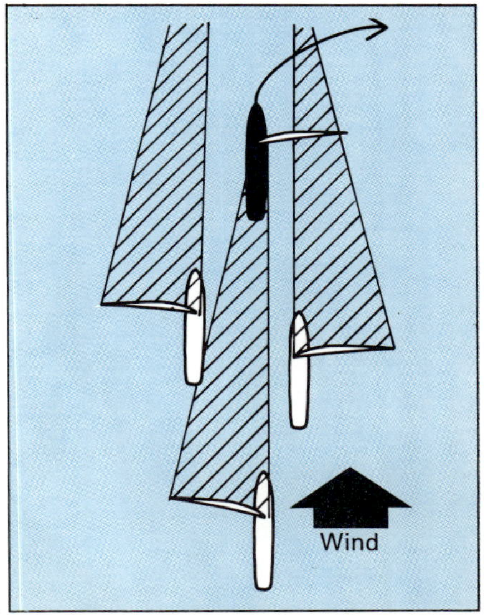

Auf Vorwindkurs hat man ständig die zurückliegenden Boote zu beobachten, um nicht in eine hoffnungslose Abdeckung zu geraten. ▷

TENCATE

Die wichtigsten Flaggen auf dem Startschiff und den Regattabooten.

Die Halse, das gefährlichste Manöver

Frühzeitig treffen Sie alle Vorkehrungen zur Rundung der Marke 3. Meist erfolgt dies mit einer Halse. Setzen Sie sie frühzeitig an, das Schiften des Segels erfolgt noch vor der Boje, spätestens seitlich daneben, dann mit Halbwind an die Boje heran und sofort anluven, so gewinnt man oft 50 m Höhe. Schlecht sind die Rundungen, die erst an der Boje beginnen und 20 m unter ihr wirksam werden. Bei der Halse das Ende des Gabelbaumes dicht über dem Wasser schiften und dichtholen, niemals mit senkrechtem Mast. Nur der nach außen verlagerte Segelschwerpunkt läßt das Board fast auf dem Teller drehen. Natürlich versuchen Sie auch, Tonne 3 mit Innenposition zu bewältigen. Und dann auf ins Ziel. Die Zielkreuz müßte nun bestens klappen. Sie haben dieselbe Strecke bereits zweimal durchlaufen, und Windabschnitte, Vorteile durch Uferformationen oder andere Besonderheiten sollten Sie nun nützen. Wiederholen Sie also nicht die Fehler der ersten Kreuzstrecken. Finden Sie die Zielbegrenzung, die Ihnen am nächsten liegt. Ist es das Zielboot oder die Marke? Laufen Sie vor dem letzten Schlag genügend Höhe. Oft wird der Fehler gemacht, das Ziel zu »dicht« anzulaufen, man muß erneut wenden, ist dann womöglich auf Steuerbordbug und verschenkt wertvolle Plätze an Backbordsurfer. Bei allen Ihren Überlegungen denken Sie immer daran: bei einem harten Wettkampf siegt die Fairneß. Gerade auf Meisterschaften, wo man sich mit Sportsfreunden aus den entferntesten Ecken trifft, sollte man alles daransetzen, den Wettkampf nicht in eine Schlacht der Masten und Gabelbäume ausarten zu lassen. Dabei sein ist alles.

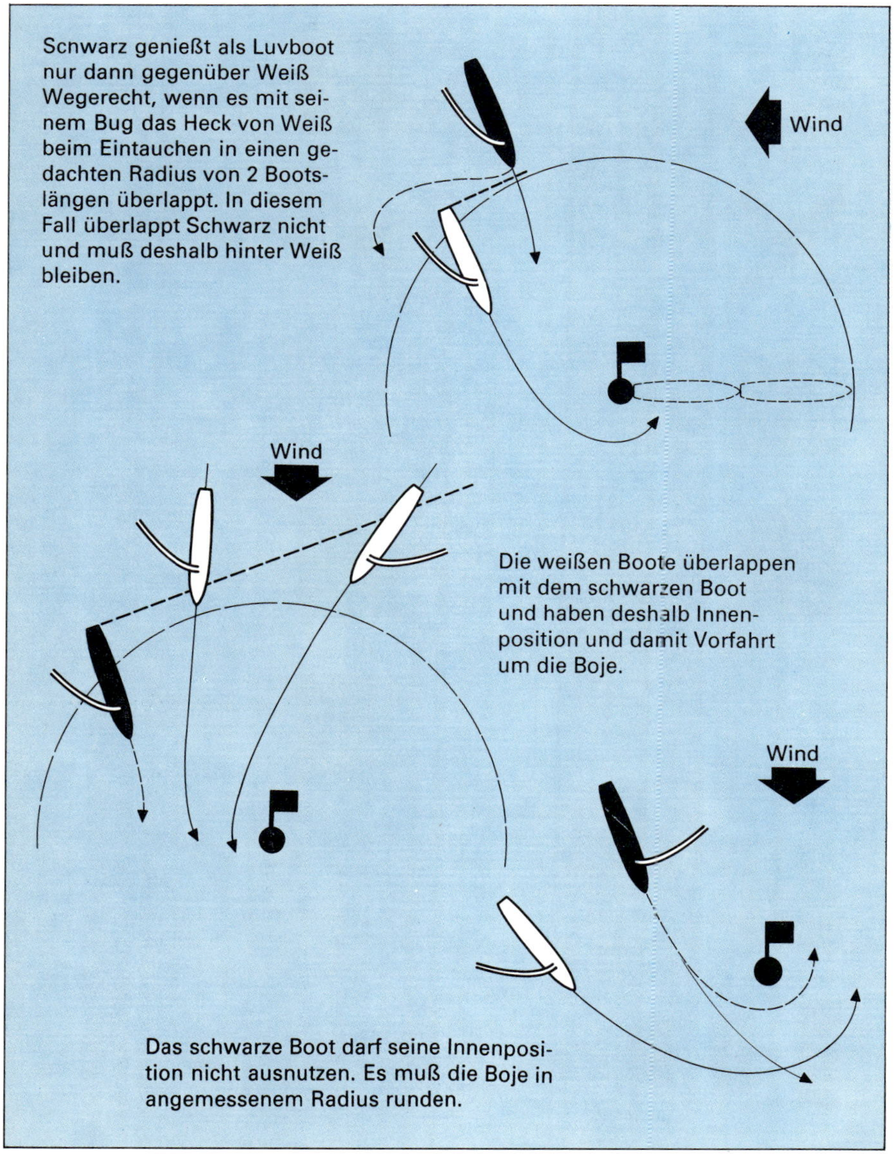

Mit genügend Höhe und Vorsprung schießt dieser Surfer auf das Regattaziel zu.

Tandem-Surfing

Das Gerät

Zu zweit auf einem Brett stehen, sich den Wind teilen, wesentlich schneller surfen, zusammen steuern – das ist Tandem-Surfing. Man steht dabei auf einem bis zu 8m langen Board mit 2 Riggs, die hintereinander angeordnet sind. Das Prinzip der Steuerung funktioniert wie beim Einzel-Surfbrett. Auch beim Tandemsurfer gibt es einen gemeinsamen Segeldruckpunkt. Dieser resultiert aus beiden Segeln und steht in einem bestimmten Verhältnis zum Lateralschwerpunkt. Während wir nun zur Verschiebung des Segeldruckpunktes bei unserem normalen Surfbrett das Segel nach vorne neigen mußten, genügt beim Tandemsurfer bereits das Fieren eines der beiden Segel. Dadurch wirkt nur noch das vordere oder hintere Segel. Eine Verschiebung des Segeldruckpunktes ist die Folge, so daß das Tandem anluvt oder abfällt. Unterstützt wird dieser Vorgang dadurch, daß der jeweils Steuernde sein Segel ähnlich dem Einzelsurfen neigt. D.h., beim Abfallen neigt der Vordermann sein Segel nach vorne, während der hintere das Segel auffiert; beim Anluven neigt der hintere sein Segel zum Heck, während der vordere sein Segel auffiert. Gesteuert wird also gemeinsam. Ein Tandembrett eignet sich ideal für die Schulung. Da es sehr stabil im Wasser liegt und kaum umzukippen ist, können einem Schüler darauf in Begleitung des Lehrers die Segeltechnik und die Führung des Riggs erklärt werden. Dazu verwendet man nur noch ein Rigg, so daß man einen großen Einzelsurfer erhält.

Der Trapezgurt spart Kraft. Durch geschickte Körperbalance kann man sogar einen Arm vom Gabelbaum nehmen.

Der Start

Grundsätzlich erfolgt der Start analog dem auf dem Einzelbrett. Beide Surfer starten gleichzeitig, wobei der vordere darauf achten muß, daß er sein Segel nicht zu dicht nimmt, damit der hintere noch genügend Wind im Segel hat. Überhaupt empfiehlt es sich, als Vordermann auf dem Tandembrett in einer etwas mehr gefierten Position zu surfen, während der Hintermann sein Segel sehr dicht fahren kann. Es ist deshalb auch günstig, wenn achtern ein etwas leichterer Surfer steht, der sich weit nach Luv legen kann, während vorne ein schwerer Surfer zum einen das Steigen des Brettes verhindert und zum anderen in aufrechter Stellung das Segel halten kann. Durch diese verschiedene Neigung der beiden Masten weicht das hintere Segel den Luftturbulenzen des vorderen aus.

Die Wende

Der vordere Surfer läßt den Gabelbaum los und hält das Rigg an der Startschot, während der hintere Surfer normal dichtholt, den Gabelbaum zum Wasser bringt und ihn überzieht. Sobald der Bug durch den Wind gegangen ist, startet der vordere Surfer bereits und zieht dadurch den Bug aus dem Wind in den neuen Startwinkel. Automatisch wendet nun auch der Hecksurfer und startet ebenfalls. Nach der Wende startet also zuerst der Bugsurfer, so daß das Boot etwas weiter aus dem Wind dreht, der Hintermann hat dann einen leichteren Start, da sich das Boot bereits in Fahrt befindet.

Die Halse

Zur Halse fällt der Bugsurfer ab, während der Hecksurfer sein Segel killen läßt. Sobald sich der Bug der Windrichtung nähert, schiftet der Vordermann sein Segel. Darauf wechselt auch der Hecksurfer die Windseite, der Bugsurfer bleibt nun in gefierter Stellung, während der Hecksurfer das Tandem wieder zum Anluven bringt.

5

4

3

6

7

8

Ein Tandem wird ähnlich wie ein Einzelsurfbrett durch Verschiebung von Segeldruckpunkt und Lateralplanschwerpunkt gesteuert.

Gewendet wird durch Fieren des vorderen und Dichtholen des hinteren Segels. Sobald das Brett im Wind steht, geht zuerst der Vordermann auf die neue Luv-Seite, holt dicht, und fällt durch Vorneigen des Segels ab. Sodann wechselt auch der Hecksurfer die Windseite und stellt sein Segel synchron zum Vordermann ein.

2

1

9

10

Vor dem Wind

Vor dem Wind kann man mit dem Tandem das sogenannte Schmetterlingssurfen praktizieren, indem man ein Segel auf Backbord und das andere auf Steuerbord hält. Bei dieser Segelstellung kann man nun nicht mehr erkennen, ob dieses Boot auf Backbord- oder auf Steuerbordbug surft. Notgedrungen wird man sich einigen müssen. Ein Vorschlag geht dahin, daß man sich bei der Schmetterlingsfahrweise nach dem Hecksegel richtet (das vordere Segel wäre dann ein Vorsegel), so daß die Stellung des Hecksegels über die Vorfahrt entscheidet.
Tandems haben 3 Mastfußaussparungen, so daß man das Brett auch als Einzelsurfer, wenn z.B. einem der beiden Sportsfreunde der Atem ausgeht, wieder ans Ufer bringen kann. Diese dritte Mastfußaussparung ist aber auch für einen dritten Mann verwendbar. 3 Riggs überlappen sich zwar, doch es ist ein ungeheurer Spaß, mit ca. 18 qm ein Tandem zu steuern. Die Segelstellung ist von vorne nach hinten, von gefiert bis dicht. D.h. der vorderste Surfer fiert am meisten, während der mittlere Surfer schon etwas dichtholt. Würden vorderer und mittlerer Surfer zu dicht surfen, so hätte das Hecksegel keinen Wind mehr und der dritte im Bunde würde ständig baden gehen.

HOTEL MONTE BALDO
RISTORANTE
30219
302

PELLINI CAFFE
CAFFÈ BELLAVISTA
SEIKO
OROLOGERIA

3

2

1
Bei starkem Wind wendet der Vordermann sehr rasch. Noch während der Hintermann in Lee steht, zieht der vordere das Tandem aus dem Wind in die neue Startposition.

4

5

Zur Wende fiert der Vordermann sein Segel, während er es zur Halse dicht holt und nach vorne neigt (Bild 1 und 2). ▷
Hart am Wind entsteht zwischen den beiden Segeln eine Düsenwirkung (Bild 3).
Auf Schmetterlings-Vorwindkurs ist das hintere Segel für die Vorfahrt maßgebend (Bild 4).

Tandem-Technik

Die Steuerung eines Tandems ist sehr einfach, wenn sich die Besatzung einig ist. Besonders in Wettkämpfen empfiehlt es sich daher, daß ein Mann die Führung des Bootes übernimmt. Er entscheidet über die Segelstellung, das Einleiten der Manöver usw. Normalerweise wird dies der Hecksurfer sein, weil er beide Segel im Blickfeld hat und so die optimale Segelstellung herausfinden kann. Besonders schwierig ist es, mit einem Tandem Höhe zu laufen.
Ein Trick besteht darin, die Luvkante des Boards nach unten zu drücken und damit den Lateralplan zu vergrößern. Wenige Zentimeter bringen bereits einen beträchtlich vergrößerten Lateralplan, mit dem man wesentlich mehr Höhe laufen kann. Auch ein »Zueinanderstellen« der Segel hat sich bewährt. Dabei neigt der Vordere sein Segel etwas zurück, während der Hintere seine Mastspitze nach vorne neigt, so daß zwischen Vor- und Achtersegel eine Düsenwirkung entsteht. Ab 6 Windstärken sollte man auf jeden Fall auch auf diesem langen Gefährt Sturmsegel verwenden. Tandems werden hauptsächlich bei Regattasurfern Beliebtheit erlangen. Zu zweit einen Wettkampf zu bestreiten, Mühen und Anstrengung zu teilen sowie sich in Taktik und Surftechnik zu ergänzen, findet immer mehr Anhänger.

1

2

3

4

Brandungssurfen

1

2

3

4

Wellen und Brandung eröffnen dem Windsurfingsport eine neue Dimension. Brandungssurfen erfordert Geschick, Mut und eine vollendete Brettbeherrschung. Man sollte sich deshalb nur schrittweise in das neue Element vorwagen, denn nur wirklichen Könnern ist es vorbehalten, über meterhohe Wasserberge zu springen oder in »Schrägfahrt« mit ihnen rauschend schnell zum Ufer zu »surfen«. Zunächst wollen wir uns aber erst einmal die zweite Methode neben dem Beachstart ansehen, bei Brandung mit unserem Brett überhaupt ins Wasser zu kommen. Die Bilderreihe oben zeigt, den Start bei auflaufender Brandungswelle. Man hält das Board mit der einen Hand am Heck, der Bug schleift im Sand. Die andere Hand hält das flatternde Segel am Mast oder Gabelbaum-Vorderteil.
So erreicht man das Wasser, läßt blitzschnell das Heck los, springt von hinten oder von seitwärts auf das Bord und startet. Das Board soll dabei immer im rechten Winkel zu den heranrollenden Wellen stehen.
Das Bild auf Seite 130 zeigt uns eine bereits gebrochene Welle mit ihrem »Schaumteppich«, den es zu überqueren gilt. Dabei wechselt man die Fußstellung blitzschnell zurück, damit der Bug hochkommt, im nächsten Moment verlagert man das Gewicht aber schon wieder in Richtung Mast, um mit dem schrägstehenden Surfbrett nicht nach hinten weggespült zu werden.

1

2

3

Die obere Bildreihe zeigt schon den ersten Sprung über eine Dünungswelle, nachdem man hinter den Brandungswellen angekommen ist. Bei den ersten Versuchen sollte man immer, wie das dritte Bild zeigt, das Segel auffieren, um nicht mit zuviel Geschwindigkeit über den Kamm hinauszuschießen.

Läßt der Wind beim Wellen-Überqueren einen Halbwind- oder Raumschotkurs zu, so dient die Welle als Sprungschanze.

Das Erkennen der richtigen Welle

Beobachten Sie die Wellenformationen. Sie sollten noch genügend Anlaufstrecke haben, um die Welle zu erreichen, bevor sie sich bricht. Beachten Sie vor allen Dingen, ob sich die Welle nicht zu steil aufstellt, so daß ein Darüberhinwegkommen unmöglich wird. Surfen Sie nun mit voller Fahrt auf den Wellenkamm zu.

Den Wasserberg erklimmen

Da man selten den Wind von hinten hat und der Wind meist parallel zu den Wellenkämmen steht, fallen Sie beim Lossurfen gegen den Wellenkamm etwas ab. Um Geschwindigkeit aufzunehmen, sowie Sie aber an der Welle dran sind, luven Sie wieder an, um möglichst im rechten Winkel zur Wellenbewegung an ihr hoch zu schießen. So verlagern Sie das ganze Körpergewicht blitzartig auf den hinteren Fuß.

Abheben

Bei zu starkem Wind wird jetzt etwas aufgefiert, das Gewicht ist noch auf dem hinteren Fuß. Ab jetzt benutzen Sie die Fußschlaufen. Mit dem hinteren Fuß korrigieren Sie die Lage des Brettes im Wasser. Achtung! Die Flugphase beginnt.

Fliegen

Einen Moment lang sind Sie nun ganz in der Luft. Hängen Sie sich nun an das Segel und beugen dabei blitzschnell die Beine, um das Heck des Surfbrettes hoch zu reißen. Das Segel nach Luv geführt dient jetzt regelrecht als Tragfläche.

Vorbereitung zur Landung

Deutlich erkennt man in der oben stehenden Abbildung, wie sich das Segel wieder mit Wind gefüllt hat und regelrecht als Fallschirm benutzt wird. Die Beine sind angezogen, und Sie hängen mit dem ganzen Gewicht am Segel. Korrigieren Sie nun mit den Füßen die Brettstellung. Dabei ist der gute Kontakt mittels der Fußschlaufen zum Brett notwendig.

Die Landung

Noch bevor das Heck die Wasserfläche berührt, strecken Sie wieder Ihre Beine, um die Landung abfedern zu können. Immer mit dem Heck zuerst landen! Sollte Ihr Brett unkontrolliert bereits in der Luft waagrecht liegen, so springen Sie auf jeden Fall seitlich ab; beim Aufprall kann man sich sonst empfindlich verletzen.

Brandungsbretter

Wellensurfen ist nicht ungefährlich. Treiben Sie diesen Sport deshalb nur mit der richtigen Ausrüstung! Auf jeden Fall ein Brett mit Fußschlaufen benützen, wobei diese so eingestellt sein sollen, daß Ihr Fuß möglichst bis zum Rist hineinrutscht. Auf keinen Fall tiefer! Die Bugspitze eines Brandungsbrettes soll vorne gut hochgezogen sein, das Heck flach und breit auslaufend. Besonders Doppelfinnen haben sich hervorragend bewährt. Bekleben Sie scharfe Kanten mit Gummi oder Schaumstoff. Benutzen Sie spezielle Brandungssegel, deren Unterliek höher geschnitten ist. Das Schothorn befindet sich bei diesem Segel 20 bis 30 cm höher, dadurch läßt sich besser anluven, und man hat die Welle nicht so schnell im Unterliek. Beginnen Sie Ihre Übungen bei Wellen unter 1 m. Warten Sie dazu ruhig stärkeren Wind ab. Mit einem guten Sprungbrett schaffen Sie bei dieser Wellenhöhe schon ganz enorme Sprünge. Wenn Sie die »Schrecksekunde im freien Flug« überwunden haben und vor allen Dingen gelernt haben, Ihr Board unter Kontrolle zu halten, so daß die Landung auch wirklich mit dem Heck zuerst gut klappt, dann befassen Sie sich mit »ausgereifteren« Wellen.

1

2

5

6

3

7

4

Wellenspringen

Diese Phasenaufnahmen zeigen uns deutlich die wichtigsten Bewegungen vor und während des Sprunges. Achten Sie auf das deutliche Belasten des hinteren Fußes in der zweiten Abbildung. Das Brett schießt nun am Wellenkamm hoch. Sobald die Flugphase beginnt, hängt man sich ans Segel und zieht blitzartig die Beine an, um das Heck vom Wasser zu lösen, und das Board aus der senkrechten Lage in eine mehr vorwärts gerichtete Schräglage zu bringen. Das Segel dient dabei als Fallschirm und Steuer. Vor der Landung löst man sich aus der tiefen Hocke durch Strecken der Beine, um die Möglichkeit zum »Abfedern« zu erhalten.

1

2

1

2

3

3

4

Die obere Reihe zeigt nochmal deutlich die Flugphase. Auf dem ersten Bild ist der Körper noch gestreckt, das Gewicht deutlich auf dem hinteren Fuß. Auf dem zweiten Bild hängt der Körper schon voll am Segel (Fallschirmeffekt). Im dritten Bild erkennt man eine leichte Steuerkorrektur des Boards schräg nach vorne. Die vierte Abbildung zeigt ein deutliches Aufrichten des Körpers und damit die Vorbereitung zur Landung. Halten Sie sich bei Ihrer Akrobatik auf jeden Fall von Schwimmern fern!

Luftsprünge

Bei Betrachtung der vorangegangenen Bildseiten fühlt der fortgeschrittene Surfer, des Stilsegelns müde, neben einem dumpfen Gefühl in der Magengegend das bekannte Kribbeln in den Fingern. Wer kann sich da noch zurückhalten und möchte nicht auch springen und fliegen? Aber was hilft der größte Enthusiasmus, wenn die notwendigen Wellen fehlen? Glücklicherweise erlauben nun die neuartigen Sprungbretter »Luftsprünge« ohne jede Brandung! Es genügt ein 20–30 cm hohes «Binnenlandwellchen«, um das Sprungbrett in ein Fluggerät zu verwandeln. Das klingt spektakulär, entspricht aber den Tatsachen. Voraussetzung dafür ist ein Surfbrett, das nicht schwerer als 15 kg sein sollte. Auf diesen Sprungbrettern werden die rückwärtigen Fußschlaufen bis ans Heck versetzt. Man steht also weit hinten. Das Board muß einen ebenen Gleitboden aufweisen, ein Heck von mindestens 40 cm Breite. Der Mastfuß ist wie bei den anderen Brandungsbrettern auch ziemlich weit vorne angeordnet, da man auch diese Sprungtechnik nur mit sehr viel Wind durchführen kann, benutzt man natürlich ein kleines Sturmschwert.

So wird es gemacht:

1. Surfen Sie auf Halbwind bis Raumschotkurs quer zur Welle. Falls Sie »Ihre« Welle gefunden haben, luven Sie vor Ihr kurz an. Sowie sich der Bug an ihr hochschiebt, kippen Sie das Surfboard mit Ihren Füßen, die ja fest durch die Fußschlaufen mit dem Board verbunden sind, nach Lee.
2. Das Unterwasserschiff bietet nun plötzlich dem Wind eine Angriffsfläche. Sie werden regelrecht hochgehoben.
3. Im selben Moment verlagern Sie das ganze Gewicht auf den hinteren Fuß, so daß sich das Board aufstellt.
4. Nun folgt die Technik wie beim Wellenspringen, schnell »ans Segel hängen« und blitzartiges Anziehen der Beine.
   Das Surfboard wird so gänzlich aus dem Wasser gerissen, durch Strecken der Beine landet man wieder »sanft« auf dem Wasser.

Das Bild auf der linken Seite zeigt uns die *Abkipp-Phase* des Surfboards. Die Füße sind durch die Schlaufen fest mit dem Board verbunden. Der hintere Fuß steht im rechten Winkel zur Bootslängsachse, bereits ein leichtes Drücken mit den Zehen kippt das Surfboard nach Lee. Natürlich ist dazu guter Wind notwendig. Ideal 4 bis 5 Beaufort.

Sehen Sie sich nun auf den nächsten Seiten an, wie man bei vollkommen flachem Wasser »hochsteigen« kann.

Das Surfboard schießt aus dem flachen Wasser hoch. Mit der Belastung kippt dabei der hintere Fuß das Board nach Lee. Deutlich sieht man das auf der Bildserie rechts, wobei in den ersten beiden Bildern der vordere linke Fuß unnatürlich verdreht ist, um das Leeabkippen zu ermöglichen.

1

2

3

4

Bild links oben:
Der Körper befindet sich am Ende der Hochbewegung, die zur fast vollständigen Streckung führt.

Bild links unten:
Die gehockte Position ermöglicht bei stärkstem Wind die Kontrolle über das Brett und verhindert, daß es vom Wind gedreht wird.

Bild oben:
Bei starkem Wind ist es sehr schwierig, das Brett nach dem Sprung wieder gerade aufs Wasser zu bringen.

Wie Raketen rasen die kleinen Sprungbretter über das Wasser. Auf der linken Bildseite sehen wir zwei Boards, die nur 3,30 m lang sind. Während im unteren Bild bei etwa 6 Windstärken ein Sturmsegel verwendet wird, erreicht man die selben Sprünge bei 4 Windstärken auch mit einem normalen Großsegel. Deutlich sieht man auch hier im Moment des Hochspringens die Belastung des hinteren Fußes und die unterstützende Kippbewegung des vorderen Fußes.

Körperhaltung und Griffe

Auf allen Sprungbildern sieht man, daß die Masthand mit einer guten Distanz zum Mast den Gabelbaum ziemlich weit hinten hält. Fast immer im Untergriff. Dies ist notwendig, da man auf dem Surfbrett weit hinten stehen muß. Außerdem ist damit eine wirksame *Vorluv-Steuerbewegung* möglich. Sie wissen ja schon, daß durch Vorluv-Neigung das Surfbrett wirksam zum Abfallen gebracht werden kann.

Windkraft und Segel

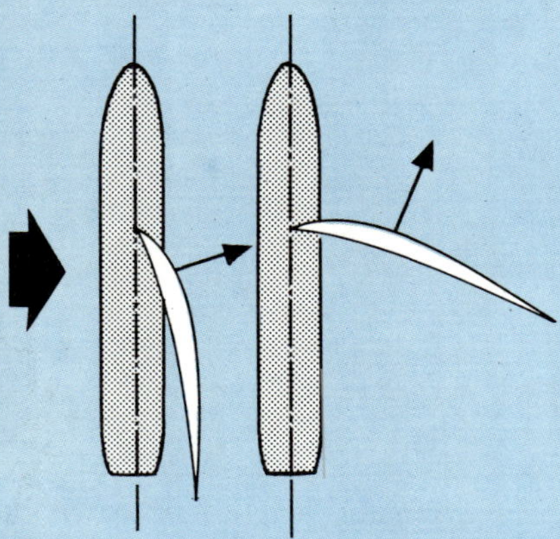

Abb. 1

Am Wind ist die Zugkraft seitlich gerichtet, raumschots liegt sie mehr in Bootslängsachse.

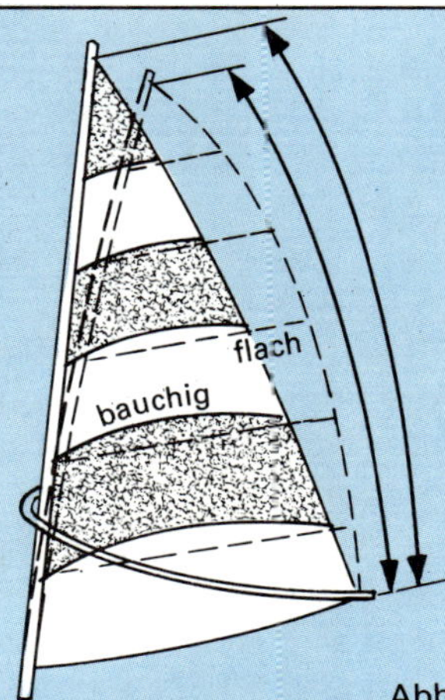

Abb. 3

Durch die Mastbiegung wird das Segel in seinem oberen Teil flach, es weht aus.

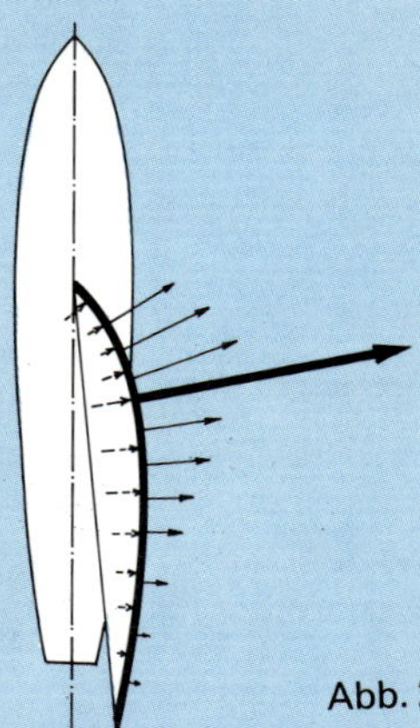

Abb. 2

Die Kräfte wirken im Segel unterschiedlich. Man kann sich aber vorstellen, daß alle Kräfte summiert in eine Richtung wirken.

Abb. 4

Oben pfeift der Wind vorbei, ohne nennenswert Vortrieb zu erzeugen.

Abb. 2 zeigt die Kräfte, die am Segel wirken. Die Länge der Pfeile gibt die jeweilige Kraft an, die an den verschiedenen Punkten des Segels auftritt. Man kann sich nun die Summe aller Kräfte in einem einzigen Pfeil vorstellen, der die Gesamtkraft und ihre Richtung angibt. Abb. 1 zeigt uns, daß diese Gesamtkraft auf dem Am-Wind-Kurs wesentlich seitlicher gerichtet ist, während sie auf Raumschots- und Vorwindkurs in Richtung der Bootslängsachse zieht. Es ist deshalb verständlich, daß man hart am Wind mit seinen Armen einen großen seitlichen Zug halten muß bei vergleichsweise geringem Vortrieb, während auf Raumschotkurs fast die gesamte wirkende Kraft in reinen Vorschub umgesetzt wird.

Mastbiegung und Segeltechnik

Die größte Variable in unserem Rigg ist der Mast. Leider ist er unkontrollierbar und seine Flexibilität, die dem Anfänger zugute kommt, weil sie automatisch dazu beiträgt, überschüssigen Wind zu fieren, wird nun dem Geschwindigkeitsenthusiasten oder Regattaexperten zum Hindernis, sein Board optimal in Fahrt zu halten oder maximale Höhe zu laufen. Abb. 3 zeigt uns ein normal getrimmtes Segel. Das Maß zwischen Mastspitze und Schothorn, entlang der Achterliekkante gemessen, beträgt ca.

440 cm. Bei etwa 4 Windstärken biegt sich der Mast zurück, wodurch sich die Strecke zwischen Mastspitze und Schothorn auf ca. 400 cm verkürzt, das Achterliek in seiner Länge aber gleich bleibt. Es leuchtet ein, daß die Kurve des Achterlieks eine ganz andere werden muß, da das Liek nun ausweht. Während man in dem in Abb. 3 gezeigten Segel noch optimal hoch am Wind laufen kann, ist man gezwungen, durch die Mastbiegung abzufallen, denn zumindest im oberen Teil des Segels ist nun der Einfallswinkel des scheinbaren Windes gleich Null; er kommt sogar so weit von vorne, daß das Segel leicht einfällt. Dieses Phänomen tritt hauptsächlich auf Am-Wind-Kursen auf. Während unser Segel im unteren Bereich noch gut steht, fängt es oben bereits zu killen an bzw. es bildet sich ein Gegenbauch. Die einzige Möglichkeit, dem entgegenzuwirken, ist ein verstärkter Zug auf das Gabelbaumende. Versuchen Sie also in der Regatta, beim Aufkreuzen gegen den Wind mit der Segelhand das Gabelbaumende immer nach unten zu ziehen. Dadurch straffen Sie das Achterliek und bewahren so annähernd die ideale Profilform des Segels.

Auf dem Bild rechts sieht man gut, wie sich die Segelkontur unter Windeinfluß verändert.

Hot-Dog-Surfing

Windsurfing bietet für jeden etwas. Es reicht vom Sport für die ganze Familie, dem tiefen Erlebnis mit der Natur über den harten Wettkampf bei der Regatta bis hin zum Spaß- und Tricksurfen. Die Entwicklung in anderen Sportarten – wie z. B. beim Skifahren – die reglementiert vorgezeichneten Wege des Sportes zu verlassen und ihn einfach zum frohen, ungezwungenen Spiel zu verwenden, angereichert mit Tricks, die schon fast an Unsinn grenzen, hat beim Windsurfing relativ früh eingesetzt. Schon wenige Jahre nach seiner Erfindung durch Hoyle Schweitzer betreiben tausende *Hot-dog-Windsurfing*. Jeder kann darin Meister werden, denn es geht einfach darum, selbst Kunststücke heraus zu finden und mit dem unkomplizierten Segelbrett immer wieder neue Techniken des Surfens auszuprobieren. Bei großen Wettbewerben wird dann eine Kür vorgeführt, die sich aus Einzelkunststücken zusammensetzt und ähnlich wie beim Eislaufen von einer Jury bewertet wird.

Auf der Kante

Vergewissern Sie sich, daß Ihr Mastfuß fest mit dem Board verbunden ist. Nötigenfalls behelfen Sie sich mit Klebeband oder einem Taschentuch.

Das Aufstellen des Brettes, ein Fuß drückt nach Lee, der andere zieht die Luvkante nach.

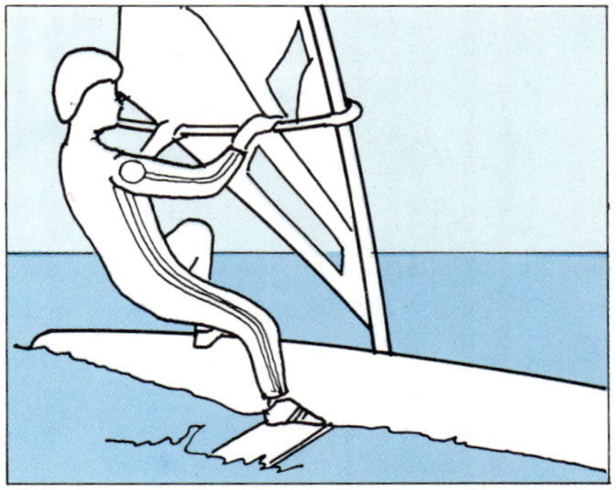

Vorwärts auf der Kante surfen und zum Ausbalancieren einen Fuß auf das Schwert stellen.

Sie segeln nun mit halbem Wind oder besser noch zwischen halbem Wind und Raumschotkurs. Stellen Sie nun den vorderen Fuß weit auf die Luvkante und den hinteren Fuß ganz in Lee. Nun belasten Sie den hinteren Fuß und drücken damit die Leekante ins Wasser.

Sobald die Luvkante hochkommt, knicken Sie vorne ein und knien sich auf die Luvkante. Das Hochziehen der Luvkante können Sie noch dadurch unterstützen, daß Sie Ihren vorderen Fuß, sobald das Brett zu kippen beginnt, unter die Luvkante schieben und diese dann anheben. Achten Sie bei der Aktion mit den Beinen darauf, daß Sie ständig Kurs behalten und das Segel immer gut mit Wind gefüllt ist. Keinesfalls dürfen Sie anluven. Anfangs können Sie das Brett auch dadurch aufstellen, daß Sie lediglich den hinteren Fuß in Lee belasten. Sobald das Brett kippt, stellen Sie sich blitzschnell mit dem vorderen Fuß auf das hochkommende Schwert.

Rückwärts auf der Kante surfen, das Brett hat man dabei zwischen den Beinen.

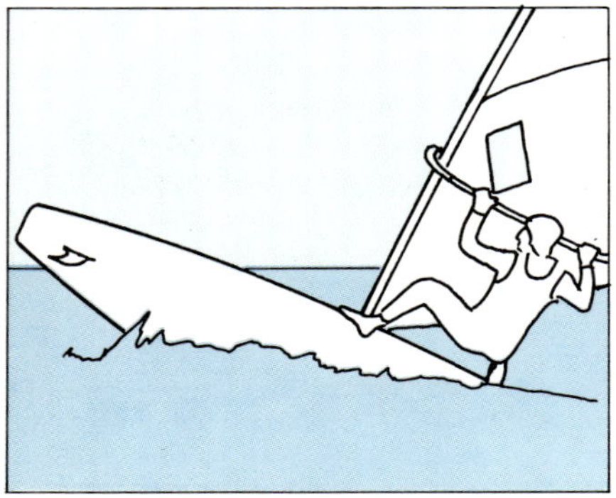

Rückwärts auf der Kante surfen und dabei auf der Kante stehen.

Sobald Sie das Aufkanten des Brettes beherrschen, können Sie sich daraufsetzen, daraufstellen oder in einer Art Hocke auf der Kante stehen. Geringfügig läßt es sich auch steuern, man bleibt jedoch immer zwischen halbem Wind und Raumschotkurs.

Auf der Kante, mit dem Heck voraus

Etwas schwieriger ist es, mit dem Heck voraus auf der Kante zu surfen. Der Bug, bei den meisten Boards mit weniger Masse ausgebildet, taucht dabei tief ins Wasser, so daß das Heck weit herausragt. Das Aufkanten geschieht wie schon beschrieben. Sie surfen dazu lediglich auf dem Bug stehend vor dem Wind los und luven dann leicht an, bis Sie wieder auf einem Raumschotkurs sind. Nachdem Sie das Brett aufgekantet haben, setzen Sie sich am besten im Reitsitz darauf und nehmen so den Bug zwischen die Beine. Je nach Wind ist die Position mehr oder weniger nah am Mast.

Vorwärts auf der Kante surfen und dabei mit dem Nacken den Gabelbaum halten.

Im Gabelbaum

Im Gabelbaum segelt man nicht nur zum Spaß, man kann diesen Trick auch bei sehr starkem Wind anwenden, um Kraft zu sparen. Am besten versuchen Sie es wieder auf Halbwindkurs. Nehmen Sie die Segelhand vom Gabelbaum, fieren kurz auf und schlüpfen mit Ihrem Oberkörper in die Gabel, die von der Masthand gehalten wird. Bei stärkerem Wind stecken Sie zuerst den Kopf darunter, verharren einen Moment und schieben dann den Oberkörper nach. Anschließend greift die Masthand direkt oberhalb

Im Gabelbaum surfen.

des Gabelbaums an den Mast, während sich die Segelhand mit dem ganzen Arm auf die Gabelinnenseite legt. Mit genügend Wind können Sie sich nun gegen den Gabelbaum zurücklegen. Könner meistern so eine Kreuzstrecke bei stärksten Winden mit einem Minimum an Kraftaufwand.

Auf dem Bug

Wenn der Bug nach dem Anluven des Brettes im Wind steht, gehen Sie nicht um den Mast wie zur Wende, sondern überziehen das Segel weiter. Das Board beginnt dabei rückwärts zu fahren, und nun gelangen Sie mit einem Satz auf den Bug und holen das Segel über sich. Dabei belasten Sie den Bug, so daß das Heck hochkommt. Besonderen Spaß macht es, sich dabei hinzusetzen und das Segel mit nach unten zu holen. Dadurch erzielen Sie eine Tragflächenfunktion des Segels. Sie haben genügend Auftrieb, um sich an den Gabelbaum zu hängen.

In Lee

Diese Figur lernt man sehr schnell. Bei leichteren Winden gehen Sie auf Am-Wind-Kurs schnell vor dem Mast herum und lehnen sich in Lee anfangs mit dem Gesicht zum Segel und später mit dem Gesicht nach vorne gegen das Segel. Sobald Sie auf der Leeseite stehen, geben Sie dem Winddruck

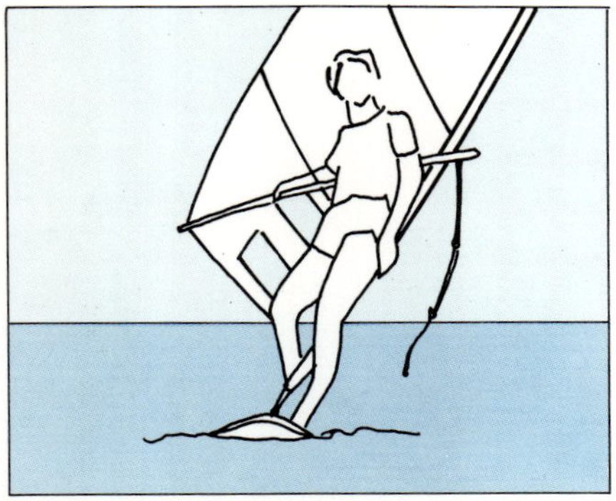

In Lee stehend surfen.

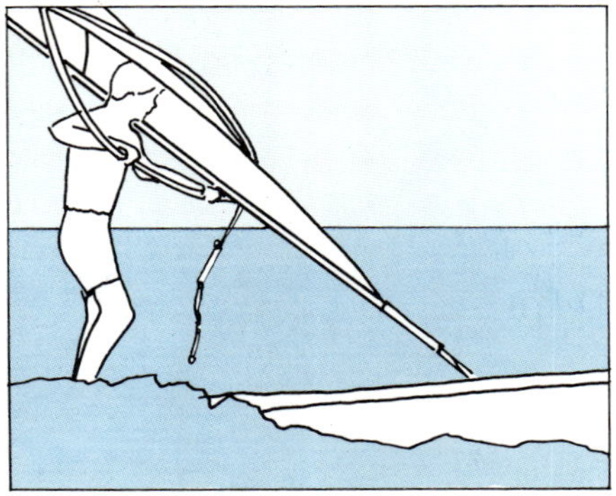

Auf dem Heck surfen.

Kniend in Luv mit dem Rücken zum Segel surfen.

etwas nach, der Mast drückt Sie dadurch etwas in Richtung Bug und Ihr Boot fällt auf Raumschotkurs ab. Wollen Sie wieder anluven, so drücken Sie den Mast mit Ihrem Körpergewicht nach hinten.

Mit dem Rücken zum Segel

Segeln Sie wieder auf Halbwindkurs. Nehmen Sie die Segelhand vom Gabelbaum, drehen Sie Ihren Oberkörper in Fahrtrichtung und greifen Sie nun mit der Segelhand blitzschnell an die Stelle, an der die Masthand den Gabelbaum gehalten hat. Sobald Sie den Baum dort mit der Segelhand halten, drehen Sie sich ganz nach Luv um, so daß Sie dorthin sehen, woher der Wind kommt. Jetzt greifen Sie mit der anderen Hand den Gabelbaum und hängen sich mit dem Rücken zum Segel gewendet an den Gabelbaum.

Mit dem Rücken zum Segel im Gabelbaum

Wie schon vorher beschrieben schlüpfen Sie zuerst mit dem Oberkörper in den Gabelbaum. Sobald Sie auf stabilem Kurs sind, lösen Sie die Masthand vom Mast und drehen sich um 180 °C. Die Drehung erfolgt am besten mit einem Sprung. Sie stehen nun mit dem Rücken zum Segel, halten den Gabelbaum vor sich und können sich mit der Brust gegen ihn legen.

Auf dem Heck

Sie segeln dazu auf Vorwindkurs und gehen nun Schritt für Schritt immer weiter zum Heck. Das Board steigt mit dem Bug hoch aus dem Wasser und wird dadurch stark abgebremst. Das Kunststück besteht darin, das Board im steilen Winkel im Wasser aufzustellen, ohne daß man seitlich abrutscht oder gar umfällt. Je nach Körpergewicht taucht man dabei selbst bis zum Bauch oder zur Brust ins Wasser. Sobald die Sache instabil wird, versucht man mit einem Schritt wieder mehr zum Schwertkasten zu gelangen.

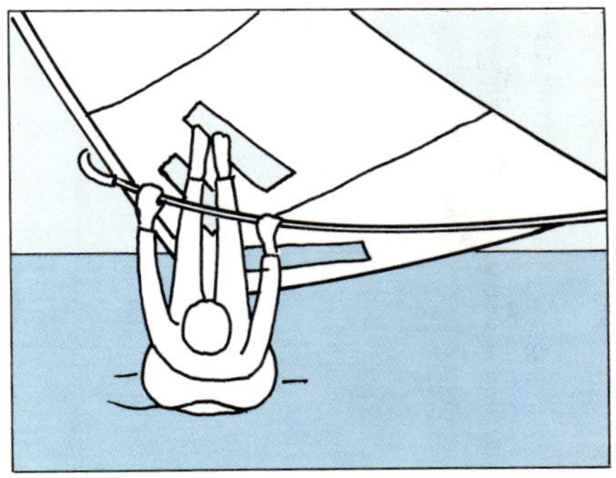

Auf dem Bug liegend rückwärts surfen und dabei den Gabelbaum mit Füßen und Händen halten.

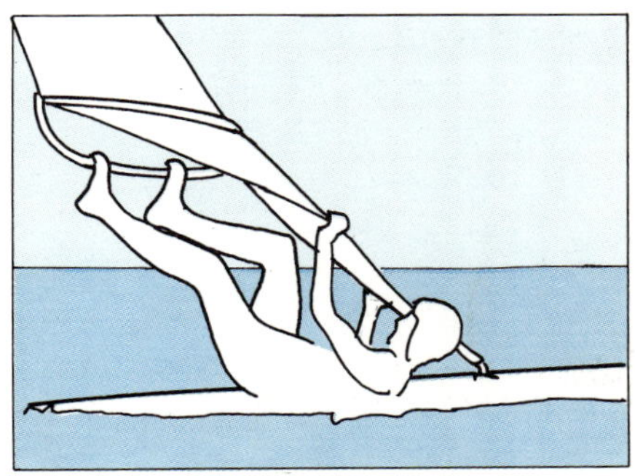

Liegend vorwärts surfen und dabei den Gabelbaum mit den Füßen halten.

Die obere Bildreihe zeigt das wechselweise Senken und Heben von Bug und Heck auf der Kante. Der Oberkörper pendelt dabei vor und zurück.
Mittlere Bildreihe: Links sieht man das typische Aufstellen des Boards. Mitte: Liegend auf dem Heck. Rechts: Auf der Kante surfen, wobei ein Fuß stabilisierend auf dem Schwert steht.
Bild links: Stehend auf dem Bug.

Geht man bei der Kür baden, so rettet man sich natürlich wieder mit dem Wasserstart. ▷

Wind-Skating

Auch das Rigg eines Windsurfers läßt sich noch zu anderen Sportarten verwenden, z. B. zum Rollbrettfahren. Skateboarding, aus den USA zu uns gekommen, erfreut sich wachsender Beliebtheit. Sehr bald konstruierten Bastler ein Skateboard mit einem Windsurfer-Rigg. Dazu wird vorne auf dem Skateboard eine entsprechende Hülse oder Aussparung angebracht, in die der Mastfuß eingesetzt wird. Unter Ausnutzung der Windkraft rollt nun das Skateboard, gesteuert nach wie vor durch Gewichtsverlagerung, so daß die beweglichen Rollenpaare Kurven einschlagen können. Windskatern sei auf jeden Fall angeraten, Knie- und Ellenbogenschützer, womöglich auch einen Sturzhelm zu tragen, denn diesem Asphaltsport fehlt das weiche Wasser, und deswegen muß man sich vorsehen. Entsprechende Schützer sind bereits im Handel; vorzüglich eignen sich aber solche, wie sie beim Eishockeyspielen verwendet werden.

Eis-Surfing

Wer auch in den langen Wintermonaten seinem Sport frönen und nicht aus der Übung kommen will, der sollte das Eissurfen versuchen. Eissurfer benutzen das komplette Rigg, und anstelle des Boards verwenden Sie ein ca. 1,50 bis 2 m langes Brett, das auf 3 Kufen steht. Mit diesem Gerät lassen sich bis zu 100 km/h erreichen. Eis-Surfing gehört damit zu den schnellsten Sportarten, die die Kraft des Windes nützen.

Die Technik ist ähnlich wie beim Windsurfen. Der Mastfuß sitzt in einer Aussparung dicht vor dem hinteren Kufenpaar. Die vordere Kufe ist entweder rund geschliffen, so daß sie seitlich wegrutschen kann, oder aber beweglich angeordnet. Verändert man nun den Segelschwerpunkt nach hinten, so dreht der Eissurfer in den Wind, während er abfällt, wenn man das Segel nach vorne neigt.

Jeder Surfer kann sich ohne viel Geldaufwand selbst einen Eissegler bauen. Der komplizierteste Teil davon, das Rigg, ist ja schon vorhanden, so daß man sich nur noch aus Sperrholz ein Brett baut, an dem man 3 Kufen anschraubt.

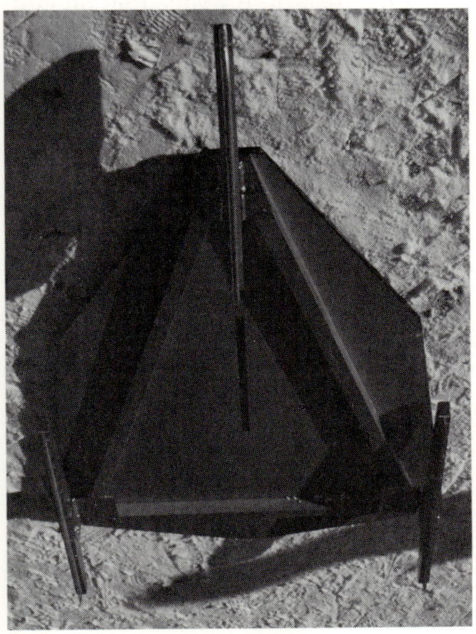

Ein Eis-Surfbrett von unten gesehen mit den 3 Kufen, die vordere davon ist entweder beweglich oder rundgeschliffen.

An der Leine erklimmt man die Heckwelle des Schleppbootes.

Den Wellenkamm unter dem Heck, verlagert man sein Gewicht nach vorne.

Läßt die Leine los und surft auf der Heckwelle des Schleppbootes.

Zuerst kniet man sich auf das Surfboard, bis das Motorboot angezogen hat.

Sobald man in Fahrt kommt, kann man mit einem Fuß aufstehen.

Noch bevor das Schleppboot hohe Wellen wirft, stellt man sich ganz auf das Board.

Boot-Surfing

Auch ohne Rigg hat man mit einem Surfer viel Spaß, so z. B. beim Boot-Surfing. Dazu hängt man sich an ein ca. 30 m langes Seil, ähnlich dem Wasserskiläufer hinter einem Motorboot.

Dabei gibt es folgendes zu beachten:

Man sollte den Schwertkasten abdichten, da aus ihm sonst eine meterhohe Wasserfontäne austritt. Der Start erfolgt in gerader Linie hinter dem Motorboot, und wagt man es, nach links und rechts über die Wellen zu surfen. Dabei steht man möglichst links und rechts neben der Mastfußaussparung, evtl. noch etwas dahinter. Je weiter die Füße an der Boardaußenkante stehen, desto sicherer ist der Stand. Vor dem Boot-Surfing sollte man auf jeden Fall die Finne und ihren festen Sitz kontrollieren. Lockere Finnen biegen sich seitlich weg und brechen bei der ungeheuren Belastung sogar das Board auf. Auch darf das Board am Schwertkasten keinerlei Risse oder Löcher aufweisen. Sind dort geringfügige Risse beim Surfen noch nicht bemerkt worden, so führen sie beim Bootsurfen dazu, daß das Board durch den ungeheuren Wasserdruck innerhalb weniger Minuten mehrere Liter Wasser aufnimmt.

Die Feinschicht wird in die mit Trennwachs versehene Bootsform eingepinselt.

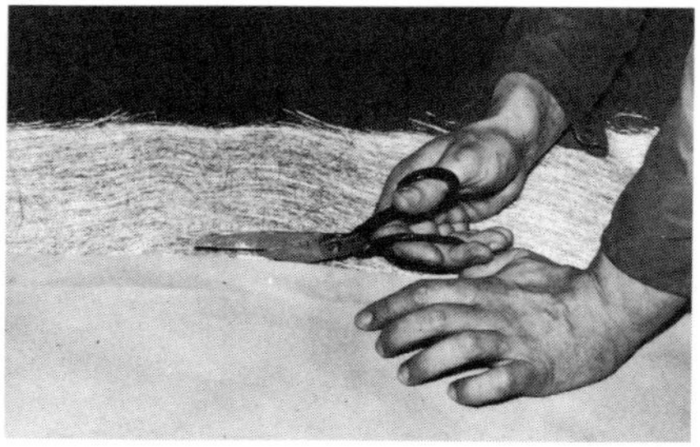

Die Matte wird der Bootsform entsprechend zugeschnitten.

Selbstbau

Segelsurfbrett im Selbstbau

Für den Selbstbau eines Segelsurfbrettes ist natürlich ein Modell notwendig. In unserem Fall verwendeten wir den Mistralsurfer. Von diesem Urmodell werden 2 Polyesterformhälften angefertigt. Diese dick versteiften Formen geben Deck- und Unterwasserschiff des Urmodells genau wieder.

Diplomingenieur Hans Taubinger, einer der erfahrensten Surfer, seit 1970 selbst Surfbrettbauer aus Leidenschaft, geht bei seiner Selbstbau-Methode folgendermaßen vor:
Zuerst werden beide Formhälften eingewachst und mit einer Trennmittelschicht versehen. Dann wird in beide Formhälften die gefärbte Feinschicht mit einem Pinsel eingebracht. Nach Aushärtung dieser Schicht (ca. 40 Minuten) wird die bereits zugeschnittene Glasfasermatte eingelegt

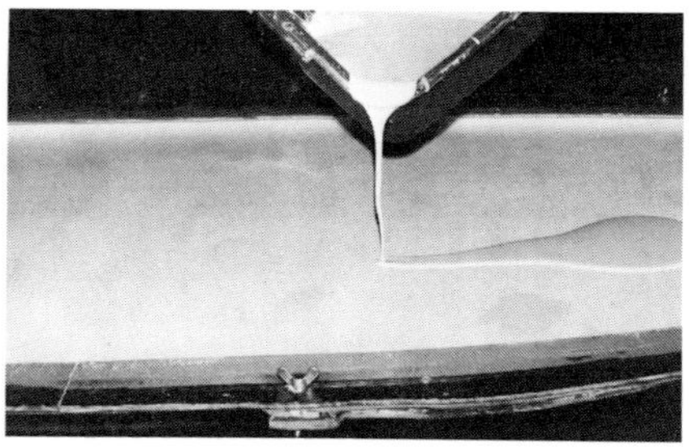

Das flüssige Harz wird direkt aus der Schale in die Bootsform eingegossen.

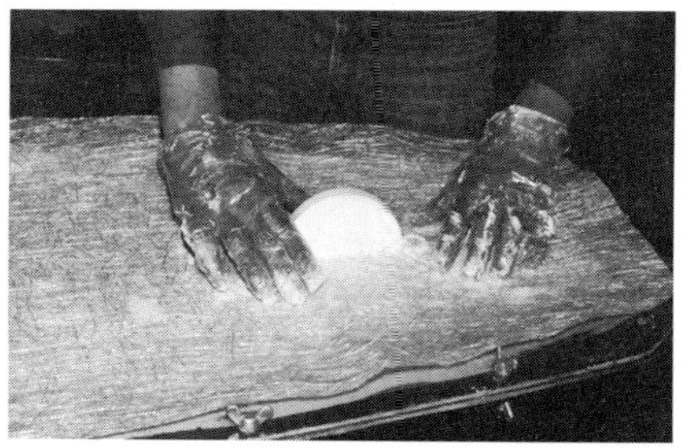

Schwertkasten, Finnenkasten und der Standbereich werden gesondert verstärkt.

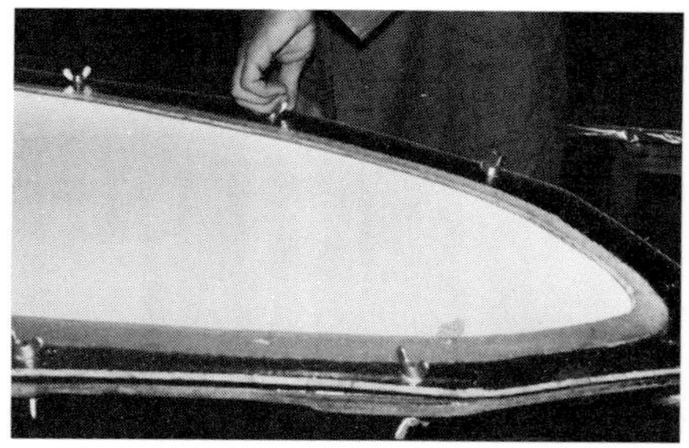

Die Formhälften werden mit Plexiglasplatten zugeschraubt.

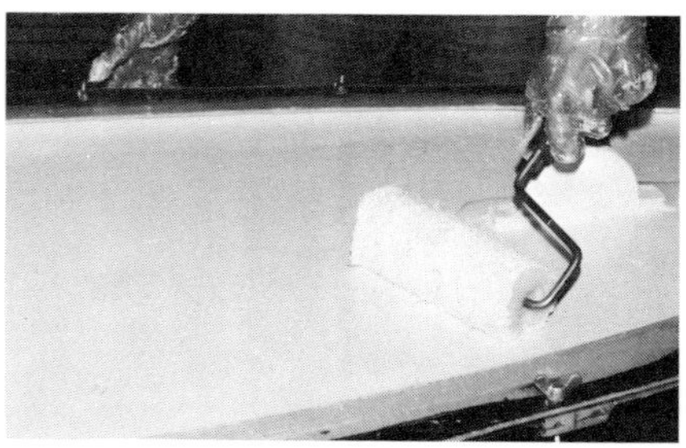

Das Harz wird gleichmäßig in der Form verteilt.

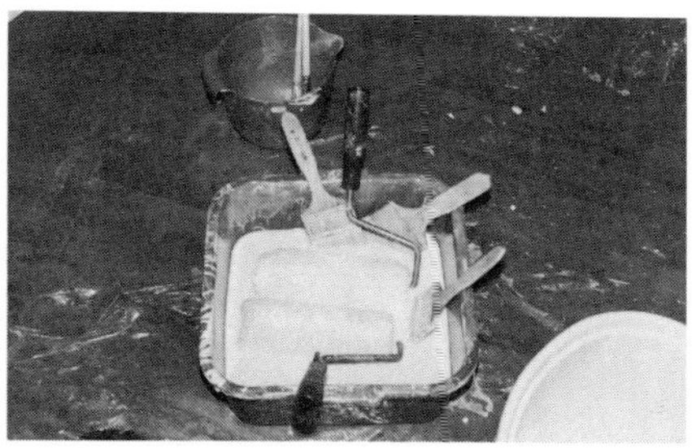

Alle Werkzeuge werden immer wieder in Azeton gereinigt.

In die schrägliegende Form wird Schaum eingegossen, der dann hochsteigt.

und mit Polyesterharz getränkt. Bei diesem Arbeitsgang wird die Matte an ihren Rändern um ein Formteil wieder nach innen gestülpt, so daß sich später, wenn die beiden Formhälften verklebt werden, eine nach innen liegende Kante ergibt.
Der Mastfuß-, Schwertkasten- und Finnenbereich, ebenso die gesamte Trittfläche, werden nun zusätzlich mit einer entsprechenden Glasfasermatte verstärkt.

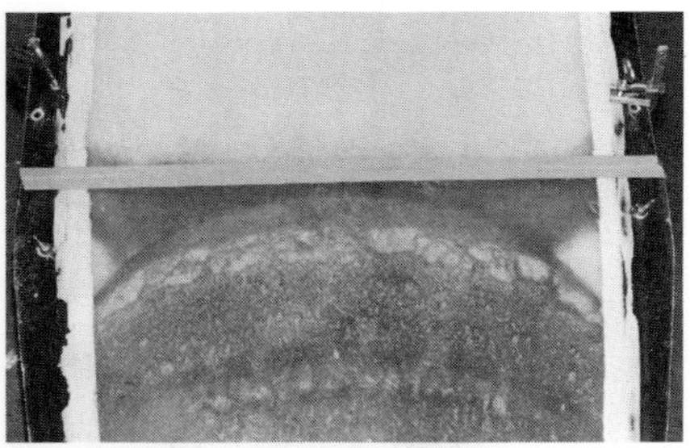

Der erkaltete Schaum bildet eine pilzförmige Kappe, die abgeschnitten wird.

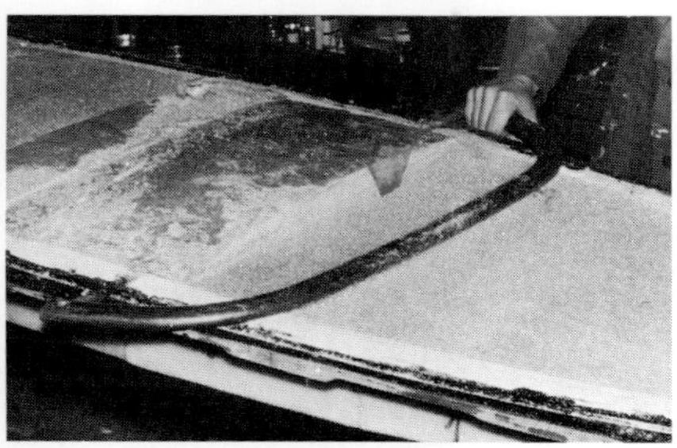

Der Schaum wird mit einer einfachen Säge formschlüssig geebnet.

Nachdem die Matte nach ca. 1 Stunde ausgehärtet ist, wird die ganze Form unter etwa 30° schräg nach vorne geneigt, so daß das Heck hochsteht. Von unten her werden nun durchsichtige Kunststoffplatten (Acryl-) auf den Rand aufgeschraubt. Dies ist nötig, damit der nun in die Formhälfte einzugießende Schaum nicht ausläuft und in der Form hochsteigt. Auf diese Art und Weise wird die einzelne Formhälfte in 5–7 Schäumungen von unten nach oben ausgeschäumt. Nachdem beide Formhälften voll Schaum sind, wird dieser mit einer einfachen Holzsäge fluchtend mit der Formschale abgesägt. Die Feinarbeit erledigt man darauf noch mit einer Klinge (ausgedientes Sägeblatt).
Die beiden ausgeschäumten Teile werden nun zusammengeklebt. Dazu wird auf eine Form eine dünne Matte gelegt, die wiederum mit Polyester getränkt wird. Sodann schließt man die Form und verschraubt sie außen mit Schrauben oder mit Schraubzwingen. Nach dem Entformen des rohen Surfboards werden die einzelnen Teile, wie Schwertkasten, Bugstoßdämpfer, Masthülsen Finnenkasten usw. eingeklebt.
Als Bauzeit für ein komplettes Board benötigen 2 Personen ca. 18–20 Stunden, sofern die komplette Form zur Verfügung steht, z. B. von der Mistral Klassenvereinigung.

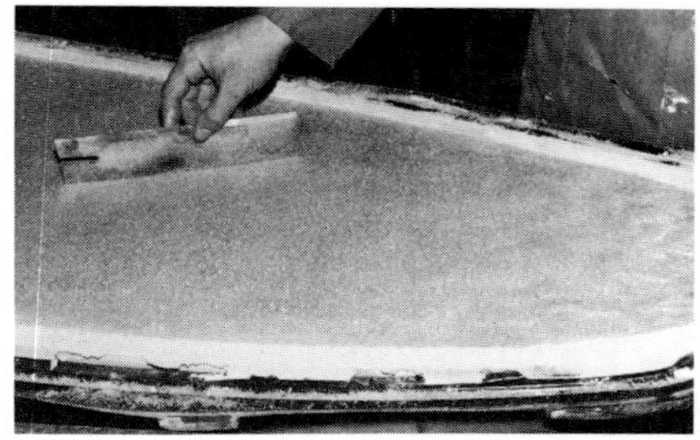

Die Schaumfläche wird noch mit einer Abziehklinge fein nachgearbeitet.

Die Formhälfte fertig ausgeschäumt, bereit zum Zusammenkleben.

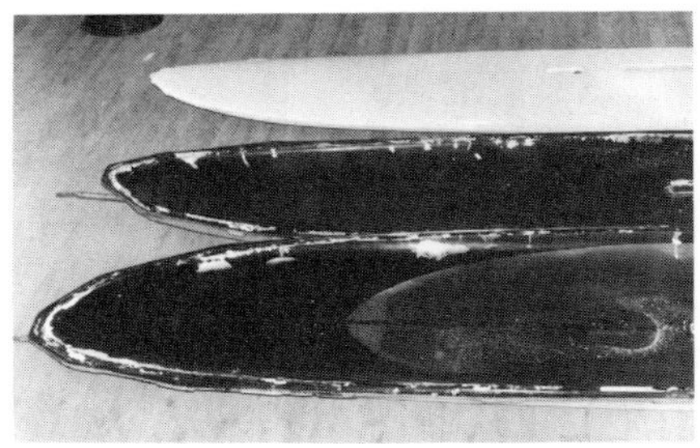

Hinten der Board-Rohkörper. Im Vordergrund die beiden Formhälften.

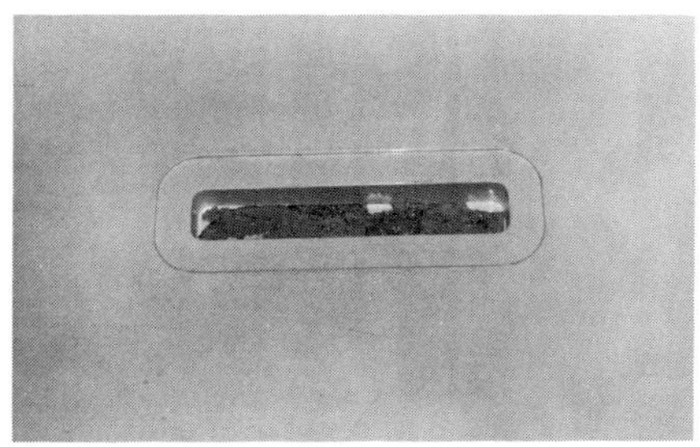

Die Aussparung, in die der Schwertkasten nachträglich eingeklebt wird.

VDWS-Prüfung

Die Prüfung zum Windsurfing-Grundschein

Praktische Prüfung

1. Einwandfreies Aufriggen eines Windsurfers
2. Ausführung eines Starts mit nachfolgender Fahrt geradeaus bei halbem Wind
3. Stoppen aus einer Halbwindposition (simulierter Notfall)
4. Wenden und Halsen mit zügigem Bewegungsablauf
5. Aus einem Halbwindkurs abfallen bis auf einen reinen Vorwindkurs

Die praktische Prüfung soll bei Wind nicht über 3 Beaufort und normalem Wellengang durchgeführt werden. Vorzugsweise ist eine Boje als Orientierungshilfe zu verwenden.

Prüfungsfragen

1. Ordnen Sie die in der Zeichnung ersichtlichen Zahlen den vorgegebenen Bezeichnungen zu.

Segelfenster

Segelhals

Segelnummer

Mastfußaussparung

Masttampen

Belegklemme

Segelkopf

Mastspitze

Sicherheitsleine

Stoßdämpfer

Heck

Gabelbaum

Finne-Flosse

Bug-Spitze

Startschot

Spreizlatte mit Lattentasche

Segelzeichen

Trimmschot

Nationalitäten-Kennzeichen

Unterliek

Schothorn

Vorliek

Mast

Achterliek

Gummileine

Vorliekstrecker

Universalgelenk

Mastfuß

Board

Schwert

Masttasche

Schwertkasten

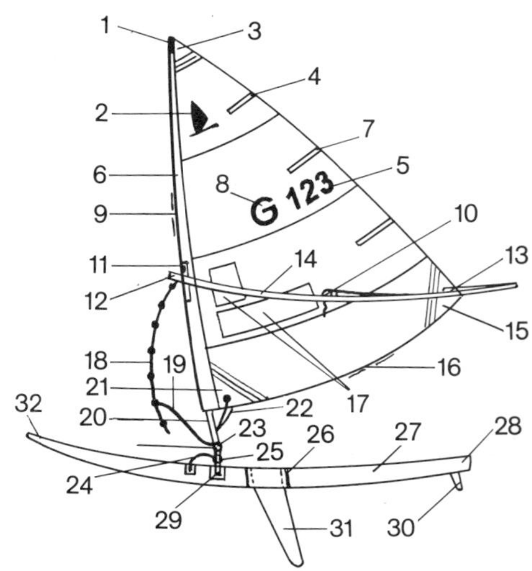

2. Nennen Sie 7 wichtige Sicherheitsvorkehrungen für das Surfen an größeren Gewässern und erläutern Sie diese.

3. Wie erreicht ein Surfer ein Ziel, das im Wind liegt?

4. Erläutern Sie die Gefahren des ablandigen Windes.

5. Was ist: a) »Anluven«
   b) Wie wird das Manöver in der Praxis gefahren?

6. Was ist a) »Abfallen«
   b) Wie wird das Manöver in der Praxis gefahren?

7. Wozu wird der in der Abbildung gezeigte Knoten verwendet?

Tauverbindung

Rettungsknoten

Mast-Gabelbaum-Verbindung

8. Wozu wird der abgebildete Knoten verwendet?

Mast-Gabelbaum-Verbindung

Rettungsknoten

Vorliekstreckerknoten

9. Wozu wird der abgebildete Knoten verwendet?

Verbindung gleich dicker Tampen

Verbindung ungleich dicker Tampen

Mast-Gabelbaum-Verbindung

10. Wo läßt sich der abgebildete Knoten verwenden?

11. Wozu dient das Schwert in einem Segelbrett?

12. Zwei Surfer segeln mit dem Wind von derselben Seite. Wer hat Vorfahrt?

13. Wer muß ausweichen?
    Surfer A, Kurs »am Wind Steuerbordbug«?
    Surfer B, Kurs »halber Wind Backbordbug«?

    Ausweichen muß: Surfer A,
    Surfer B

14. Nennen Sie die Bereiche, in denen es grundsätzlich nicht erlaubt ist zu surfen.

15. Ordnen Sie die Winde zu:

Fahrtwind

Wahrer Wind

Scheinbarer Wind

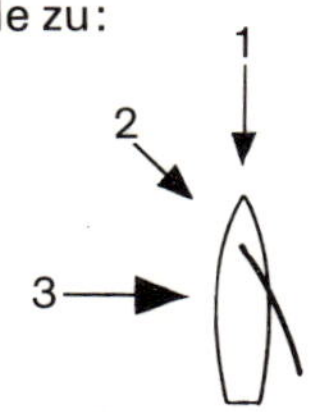

16. Wie nennt man den mit 1 bezeichneten Wind?

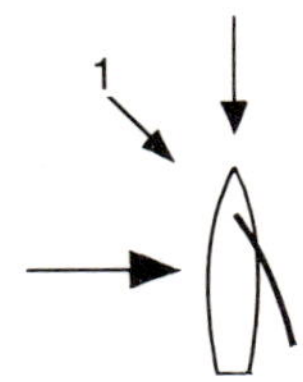

17. Tragen Sie in die Zeichnung Fahrtwind und scheinbaren Wind ein!

18. Warum soll man in einer Notsituation immer auf dem Board bleiben?

19. Was bedeutet
a) auf Steuerbordbug segeln?
b) auf Backbordbug segeln?

20. Wozu dient die Finne an einem Segelbrett?

21. In welcher Reihenfolge dürfen die abgebildeten Segelfahrzeuge passieren?

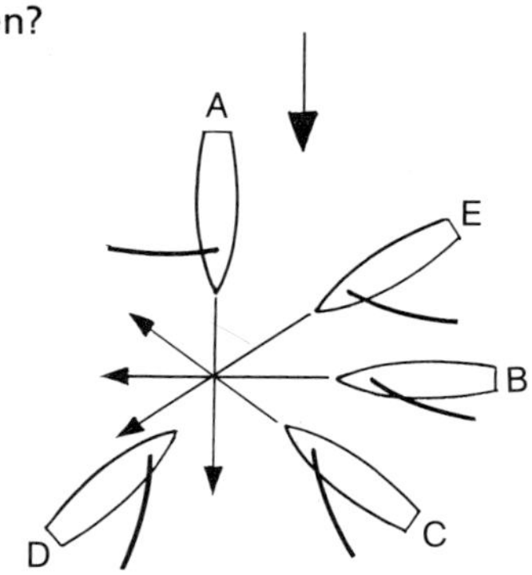

22. Wer ist kurshaltepflichtig?

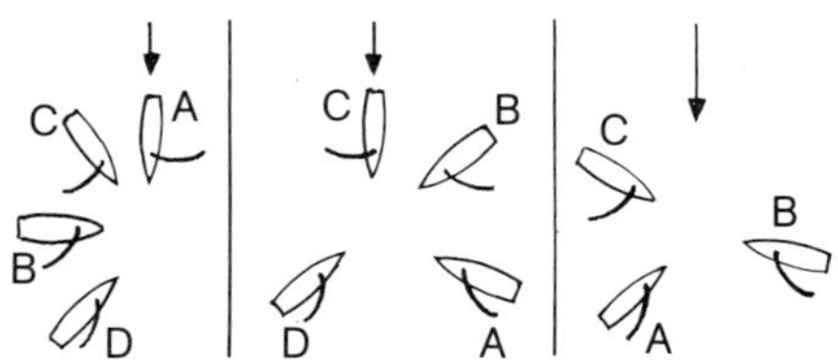

23. Welches der abgebildeten Segelfahrzeuge ist kurshaltepflichtig?

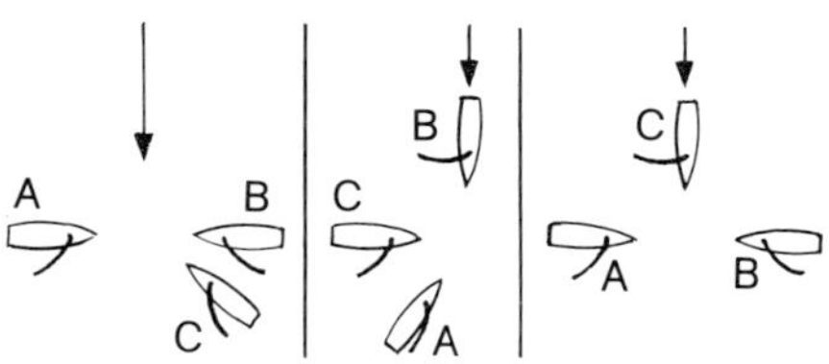

24. Wer ist kurshaltepflichtig?

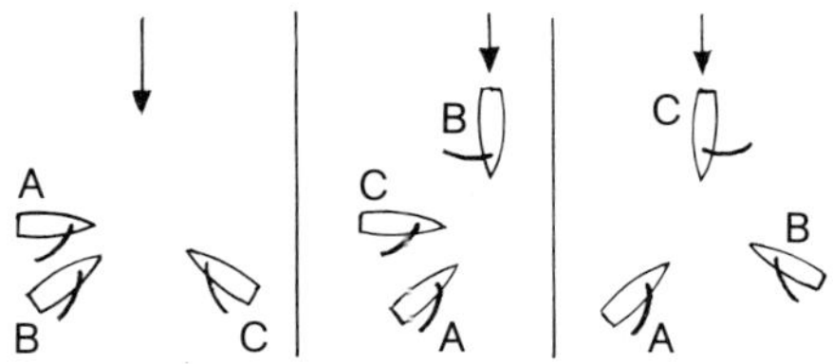

25. Beschreiben Sie, wie Sie auf Vorwindkurs gelangen!

26. Wie bringen Sie Ihren Windsurfer bei voller Fahrt zum Stehen?

27. Ein Segelfahrzeug nähert sich einem anderen von hinten. Wer weicht aus?

28. Wann müssen Sie Lee und Luv beachten? (2 Antworten)

29. Ein Surfer will Sie mit seinem Board abschleppen, was haben Sie da zu tun?

30. Wie erreicht man bei Flaute mit seinem Segelbrett das Ufer?

31. Wie sieht das internationale Notsignal für Surfer auf dem Wasser aus?

32. Was ist beim Transport eines Windsurfers auf dem Autodach wichtig? (3 Antworten)

33. Welche Fahrzeuge haben auf dem Wasser absolute Vorfahrt?

34. Wie wird Sturmwarnung angezeigt und was ist bei ihr zu beachten?

Prüfungsantworten

1. 1 Mastspitze, 2 Segelzeichen, 3 Segelkopf, 4 Spreizlatte mit Lattentasche, 5 Segelnummer, 6 Masttasche, 7 Achterliek, 8 Nationalitäten-Kennzeichen, 9 Vorliek, 10 Belegklemme, 11 Masttampen, 12 Stoßdämpfer, 13 Trimmschot, 14 Gabelbaum, 15 Schothorn, 16 Unterliek, 17 Segelfenster, 18 Startschot, 19 Gummileine, 20 Mast, 21 Segelhals, 22 Vorliekstrecker, 23 Universalgelenk, 24 Sicherheitsleine, 25 Mastfuß, 26 Schwertkasten, 27 Board, 28 Heck, 29 Mastfußaussparung, 30 Finne-Flosse, 31 Schwert, 32 Bug-Spitze.
2. 1. Informationspflicht über die örtlichen Revierbedingungen, 2. Abmeldepflicht, 3. Verbindung von

Rigg und Board durch eine Sicherheitsleine, 4. Ersatztampen mitnehmen (ggf. Trapezgurt), 5. ggf. Signalmittel mitnehmen, 6. ausreichend mit Kälteschutz versorgt sein (Neopren), 7. ständig Wetter und Wind beobachten (Wetterseite, Gewitter, Wind).
3. Durch Aufkreuzen gegen den Wind.
4. Ablandiger Wind wird meistens unterschätzt, da man seine Stärke an der Wellenbildung nicht ablesen kann. Man wird von ihm aufs offene Gewässer getrieben, deswegen ist bei ablandigem Wind äußerste Vorsicht geboten.
5. a) »Anluven« heißt: Mit dem Bug zum Wind drehen, b) Dabei wird das Gabelbaumende zuerst zum Wasser geneigt und dann das Segel dichtholen.
6. a) »abfallen«: Bug dreht vom Wind weg, b) zum Abfallen muß der Mast auf der Mittelschiffslinie zum Bug geneigt werden, der Vorgang kann durch leichtes Dichtholen des Segels unterstützt werden.
7. Rettungsknoten
8. Mast-Gabelbaum-Verbindung.
9. Verbindung gleich dicker Tampen
10. An der Trimmschot hinter der Belegklemme. Am Vorliekstrecker, um damit das Vorliek straff zu ziehen. Am Trapeztampen und überall dort wo das Herausrutschen eines Tampens verhindert werden soll.
11. Das Schwert verhindert die seitliche Abtrift des Boards.
12. Der Surfer in Lee.
13. Ausweichen muß Surfer A.
14. In Badezonen, in Häfen und Hafeneinfahrten, an Anlege- und Ankerplätzen, in betonnten Schiffahrtsstraßen und offensichtlichen Linien der Berufs- und Linienschiffahrt auf Binnengewässern, in Naturschutz- und Sperrgebieten.
15. 1 Fahrtwind, 2 Scheinbarer Wind, 3 Wahrer Wind
16. Scheinbarer Wind.
17. 1 Scheinbarer Wind, 2 Fahrtwind.
18. Weil das Board das ideale Rettungsgerät ist, es kann nicht sinken.
19. a) Das Segel steht in Fahrtrichtung gesehen rechts, b) Das Segel steht in Fahrtrichtung gesehen links (Wegerecht).
20. Zur Richtungsstabilität.
21. C – B – E – D – A.
22. Links = A, Mitte = A, Rechts = B.
23. Links = C, Mitte = A, Rechts = B.
24. Links = C, Mitte = A, Rechts = B.
25. Durch Abfallen. Dabei neigt man den Mast nach vorne, wechselt die Fußstellung hinter den Mast, links und rechts neben den Schwertkasten, fiert das Segel auf und holt es dann vor den Körper, daß es im rechten Winkel zur Bootslängsachse steht.
26. Durch Backhalten des Segels oder Notstop, dabei Rigg ins Wasser werfen, notfalls selbst abspringen.
27. Das überholende Segelfahrzeug weicht aus.
28. 1. Beim Segelaufholen, das Segel muß dabei in Lee liegen. Beim Abschleppen mit einem Surfboard. 2. Bei der Vorfahrtsregel Lee vor Luv.
29. Ich muß mein Rigg zusammenlegen, das Segel einrollen und mit der Trimmschot am Gabelbaum befestigen und mich dann, mit dem Rigg, auf dem Board liegend, auf der Luvseite des abschleppenden Boards festhalten.
30. Abriggen und mit dem Mast paddeln oder abriggen und mit dem Steckschwert paddeln oder abriggen, auf den Bauch legen und mit den Händen paddeln.
31. Heben und Senken der gestreckten Arme über dem Kopf.
32. 1. Der Träger muß für eine entsprechend große Traglast ausgelegt sein (60 kg). 2. Das Board und das Rigg muß gut festgebunden sein. 3. Zum Befestigen keine dünnen Schnüre, sondern Textilspanngurte verwenden.
33. Berufsschiffahrt, Linienschiffahrt.
34. Durch optische Signale. Lange Blinkfolge Vorwarnung, kurze Blinkfolge Hauptwarnung. Sofort das nächstliegende Ufer aufsuchen.

Joh.-Herbst-Straße 23
Austria 5061 Salzburg
Telefon 06222/24144
Telex 633133
alpha
WINDSURFING
AUSTRIA Ges. m. b. H.
alpha
Surfboards in Aktion von Profis für Profis
Für 1982 haben wir eine Menge neuer Produkte für Sie vorbereitet, unter anderem
ALPHA WAIKIKI aus PE für Einsteiger und Umsteiger, gutes Preis-Leistungs-
verhältnis. Unv. empf. Richtpreis ohne Rigg DM 1.095,–
ALPHA COMPETITION aus PE – die gehobene Alternative mit 4 Fußschlaufen
und 2 Schwertern, ohne Rigg. Unv. empf. Richtpreis DM 1.290,–.
ALPHA PROFESSIONAL – das sportliche Brett für den Aktiven
aus PE, ohne Rigg. Unv. empf. Richtpreis DM 1.465,–.
NEU – PINTAIL CHI CHI von Larry Stanley,
Jump-Board, 330 cm lang.
In Deutschland werden Alpha-Boards
aus patentrechtlichen Gründen
ohne Rigg geliefert.